MONTAUD, CRÍTICO Y PRÁCTICO

A fin de proporcionar la información solicitada expresamente por Aguirre, Montaud tuvo ocasión de realizar una rápida visita a las obras del Cinturón en fecha previa. El resultado le dio mala impresión y así se lo hizo saber al presidente vasco, a través de un informe sobre las defensas de Bilbao, al que ya hemos hecho referencia en anteriores ocasiones con vistas a reconstruir la historia y trayectoria de la línea defensiva bilbaína. Montaud hacía hincapié en el estado de deterioro de algunas de las fortificaciones construidas, en el bajo rendimiento de los obreros empleados y en la dedicación de miles de obreros a construir un nuevo sistema fortificado en vez de a terminar la obra del Cinturón.

Principalmente, la justificación del bajo rendimiento se atribuyó a la tibieza de los jefes y encargados de obra para hacer trabajar con ahínco a los obreros, problema que se esperaba resolver con la militarización de las brigadas civiles. Barajando datos de octubre de 1936 a abril de 1937, Montaud, de manera puramente teórica, llegó a la conclusión de que los trabajadores habían rendido tan sólo la mitad de su capacidad. El cálculo, tan aproximado como ligero, tenía el siguiente argumento: En el Cinturón se habían excavado unos 100 km de trinchera con una sección media de 1,40 metros cuadrados, lo que exigía mover 140 000 metros cúbicos de tierra. El número de jornales pagados hasta abril de 1937 era de 815 000, de los que 800 000 serían de obreros y el resto de jefes y empleados. De estos 800 000 jornales, 530 000 se habrían dedicado a excavación de tierras, tala de árboles y cubrición de trincheras; 54 000 se habrían ocupado en obras de hormigón; y 216 000 habrían ido destinados a tender alambradas. Por término medio, un obrero durante una jornada debería mover un metro cúbico de tierra como mínimo, por tanto, para mover los 140 000 metros cúbicos referenciados hubieran hecho falta 140 000 jornadas de obrero; así, descontando a las 530 000 jornadas la mitad en concepto de talas de árboles y cubrición de trincheras, habían hecho falta 265 000 jornadas para mover los 140 000 metros cúbicos de tierra citados, es decir, casi el doble de las jornadas necesarias.

Trabajadores tendiendo alambradas. Según los cálculos de Montaud, para finales de mayo de 1937, se habrían dedicado a esta actividad 216 000 jornadas-hombre (Erri).

En opinión de Montaud, la línea del primer Sector del Cinturón, que partía de la costa, presentaba suficiente solidez. En la imagen, un fortín en Muskiz (I. Ojanguren, Gure Gipuzkoa).

Sin entrar en valoraciones sobre el modo utilizado por Montaud para determinar el rendimiento de los trabajadores, y sin buscar atenuantes en favor de estos –tales como las dificultades para trabajar con mal tiempo, de noche, bajo el fuego o bajo la amenaza aérea–, el caso es que la obra aún estaba inacabada. En opinión de Montaud, faltaban por cerrar unos 10 km de una obra que tenía una longitud de unos 80 km, lo que indica que, de la mano del nuevo ingeniero jefe, Vicente Aguirre, la obra había avanzado notablemente desde que Goicoechea se pasó al bando franquista. Por ello, cabe preguntarse si no era Montaud demasiado severo cuando expresaba que:

> ... no han brillado esta vez en la colaboración de los obreros, ni el sentido de responsabilidad, ni la decantada consciencia de clase, ni el espíritu constructivo y organizador que algunos pretenden achacarles.

Montaud, que desde un principio había defendido la necesidad de fortificar Bilbao de manera prioritaria, veía como grandes contingentes de obreros se destinaban a proteger posiciones adelantadas, lamentándose de que:

> ... la mayor equivocación, el error que acarreará fatalmente la ruptura de la organización defensiva de Bilbao es la erección de esa nueva línea que se extiende absurdamente con respecto a la Villa, que absorbe buen número de obreros que podían acabar y perfeccionar la defensa primitivamente pensada [el Cinturón Defensivo], solo a falta de perfeccionamiento en el orden de la elasticidad.

Para paliar este problema, Montaud analizó la situación de los sectores, las posibles vías de invasión y el estado de acabado de las obras.

Iniciaba su estudio diciendo que el Cinturón en ese momento era una línea defensiva sin homogeneidad, característica que debería tener por desconocerse sobre qué punto de las defensas el enemigo iba a realizar su ataque, por lo que era necesario lograr que en todo su perímetro tuviese la misma solidez. Así, mientras en algunas zonas las fortificaciones eran especialmente resistentes, en otras el Cinturón apenas consistía en una trinchera simple o no se había llevado a cabo obra alguna. Montaud estimaba que:

> La línea organizada posee trozos de admisible robustez como son: Ciérvana-Somorrostro, Sodupe, Miravalles, El Gallo, Larrabezúa, la collada de la ermita de San Miguel de Lujua y el sector de Urduliz-Barrica. Siguen en orden de resistencia posible: la cortina entre San Miguel y Artebacarra, la organización de Berriaga, la hoyada de Zollo, el Upo y la cortina de Ganecogorta; la cortina entre Berriaga y Gastelu y la que corre entre Upo y Miravalles (Artanda) están muy atrasadas y la gran cortina entre Sodupe y Abanto apenas tienen nada organizado definitivamente.

Es decir, tras estas visitas, el teniente coronel republicano constataba la solidez del Cinturón en los principales accesos a Bilbao, pero a su vez localizaba los tres portillos dejados sin construir por Goicoechea más de tres meses atrás, de los cuales, el más sensible era la cortina entre Berreaga y Gaztelumendi, por ser la más cercana al sentido de avance del Ejército del general Mola.

Nido de ametralladora en Sodupe, en el segundo Sector. Esta localidad se encontraba muy fortificada, incluyendo la organización defensiva de Mondona-Crucijadas (I. Ojanguren, Gure Gipuzkoa).

Montaud estudió las posibles vías de ataque que podrían utilizar los nacionales para romper el Cinturón y entrar en Bilbao, teniendo en cuenta que estos se acercaban desde el Este y desde el Sureste hacia el corazón de Vizcaya. Estas vías principalmente eran cuatro:

En el tercer Sector del Cinturón, las fortificaciones de Ugao-Miravalles eran ejemplo de robustez, como es el caso de este fortín construido a poca distancia de la población (I. Ojanguren, Gure Gipuzkoa).

• Desde Mungia, utilizando la carretera que va hasta Plentzia, para desde ahí atacar el Cinturón por Sopelana, por Urduliz o por Unbe; o bien hacer lo mismo, pero utilizando la carretera de Gatika.

• Desde Mungia, utilizando la carretera que va directa a Bilbao, para forzar el Cinturón por el paso de Artebakarra.

• Desde Gernika, siguiendo la carretera que por Ugarte de Mujika y Morga llega hasta Larrabetzu, lo que tendría como objetivo inmediato el monte Gaztelumendi.

• Desde Amorebieta, forzando el Cinturón en Galdakao para alcanzar directamente Bilbao, considerándose ese camino como la línea natural y el eje principal del ataque a la capital vizcaína.

En su análisis, seguía explicando Montaud:

De las líneas que parten de Munguía, la que va a Plencia es notablemente excéntrica para marchar sobre Bilbao. (…) Sin embargo, el eje central de ataque desde el nudo de Munguía por el paso de Artebacarra es ciertamente posible y peligroso: posible porque a un lado y otro del citado eje se va hacia las organizaciones de Unbe y San Miguel y hacia Berriaga y la cortina de Urrusti; peligroso porque, salvo la organización de San Miguel, el ataque no tropieza con un sistema verdaderamente fuerte. Es preciso pues, robustecer Artebacarra y acabar rápidamente las cortinas de su flanco derecho hasta casi Gastelumendi.

Para Montaud, el ataque con base en Gernika tendría «*valor únicamente como operación secundaria y auxiliar del que, procedente de Durango-Amorebieta, lleve la dirección clásica de la invasión*». Cabe detenerse en este punto, pues anticipa con bastante aproximación lo que ocurriría cuatro semanas después: «*El objetivo inmediato de este ataque sería la organización de Gastelumendi a cuya acción concurriría probablemente una maniobra envolvente sobre la cortina de Urrusti-Gastelu que, como se ha repetido, es una de las partes más atrasadas de la cintura defensiva*», es decir, el portillo de 3 km dejado por Goicoechea para hacer más fácil la conquista. Montaud continuaba diciendo que «*sin embargo, este ataque tropezaría primeramente con el cubrecaras de Bizkargi que es de esperar oponga la resistencia de que, por sus condiciones naturales, es capaz*». En el momento en el que el teniente coronel escribía esto, el monte Bizkargi, para revés de los vascos, ya había sido ocupado por los nacionales el 11 de mayo, a pesar de contar con una pequeña guarnición para su defensa. De hecho,

Como indicaba Montaud en su informe, la línea de El Gallo, en el cuarto Sector y a través de Galdakao y Usansolo, estaba ampliamente fortificada. Este punto defendía la carretera de acceso a Bilbao desde Amorebieta (I. Ojanguren, Gure Gipuzkoa).

conociendo su importancia estratégica, los republicanos intentaron durante los siguientes días su reconquista, sin éxito, con el desgaste consiguiente tras más de veinte intentos. Quedaría, no obstante, en manos de los defensores la prolongación del Bizkargi en dirección norte, conocida como monte Urkulu, y a este último se refería Montaud cuando hablaba de «cubrecaras de Bizkargi», tras el cual se hallaba *«el sistema de Gastelumendi que es suficientemente robusto».*

Pero la clave de su análisis estaba en que venía a decir que «*el peligro principal está precisamente en el trozo Gastelu-Urrusti, roto el cual, toda la potente organización de Larrabezúa sería tomada por la gola».* Así, Montaud veía tan claro el riesgo de envolvimiento que insistía nuevamente en la necesidad de *«robustecer lo más posible la cortina Urrusti-Gastelu»,* subrayándolo en su informe mecanografiado, y proponía además fortificar las cotas de Basozabal y Goitioltza, sobre Lezama, para dar profundidad a la línea, insistiendo en que «*si Gastelumendi viniera a caer, sería francamente comprometida la resistencia de Larrabezúa»,* pero aclarando que, para ello, los atacantes tendrían que posesionarse antes del macizo del Bizkargi: *«Mientras el ala norte del cubrecaras del Bizkargui sea nuestro desde Arechabalgane hasta San Pedro, es bastante difícil que el enemigo se lance a atacar el punto débil de la cortina entre Urrusti y Gastelu».* Como posteriormente se verá, esta predicción se cumplió semanas después, sin haberse tomado apenas las medidas que proponía el teniente coronel de Ingenieros.

Aparte de su brillante análisis anterior, Montaud consideraba que el ataque principal tendría que llegar por la carretera de Durango a Bilbao, partiendo de Amorebieta y conquistando el importante vértice de Peña Lemona, llave de entrada a Bilbao: *«Dueño el invasor del vértice Bizkargui, y pudiendo, con apoyo en él y en Peña Lemona, ocupar La Cruz, el ataque principal vendría flanqueado por otros dos cuyos ejes de maniobra serían la carretera de Amorebieta a Erleches y el macizo montañoso de Mandojas»,* para destensar la situación diciendo que esa maniobra sería muy dificultosa para los atacantes, quienes tendrían que enfrentarse a profundos fosos naturales seguidos de organizaciones defensivas sólidas que presentarían una resistencia tenaz, concluyendo con que *«con un poco más que se complete la cintura defensiva en este frente, puede sentarse que la resistencia al avance faccioso sería suficientemente prolongada como para hacerle variar de punto de ataque».*

La obra defensiva del quinto Sector del Cinturón era sólida a través de todo su trazado, desde Artebakarra hasta la costa Este. En la imagen, un nido de ametralladora se impone desde las peñas de Santa Marina sobre la carretera de Urduliz (I. Ojanguren, Gure Gipuzkoa).

Nido de ametralladora estratégicamente situado sobre la vía de ferrocarril Bilbao-Mungia, a su paso por Artebakarra. Montaud valoró la posibilidad de que el adversario eligiera este punto para el ataque e insistió en el fortalecimiento de su flanco derecho hasta Gaztelumendi (I. Ojanguren, Gure Gipuzkoa).

Cabe decir al respecto que, días después, el 5 de junio de 1937, cuando, tras combates encarnizados y varios cambios de manos, Peña Lemona quedó finalmente en poder de los franquistas, estos permanecieron estáticos en sus posiciones a la espera de que la rotura del Cinturón se produjera en el punto previsto, entre el monte Gaztelumendi y las dos lomas gemelas de Urrusti. Efectivamente, la organización defensiva de El Gallo era muy fuerte y, aunque estuviese en el camino más directo a Bilbao, la prudencia aconsejó al Mando nacional actuar con precaución.

Montaud también analizó otros posibles puntos de ataque al Cinturón y de acceso a Bilbao por el Ejército de Mola, aún donde la acción era menos probable de llevarse a cabo, tal como el paso de Miravalles, donde, con respecto a Upo y Ganekogorta, declaraba que «estos dos puntos del cinturón están bastante retrasados en su organización y conviene ocuparse de su mejoramiento en segundo lugar. (…) Conviene ampliar el sistema defensivo iniciado en Ganecogorta dándole la profundidad posible».

Otro de los lugares analizados era Sodupe, donde un ataque habría de provenir de Balmaseda o de los Sectores de Artziniega-Respaldiza, cosa poco probable en opinión de Montaud, como también difícil era esperar una acometida por la zona de Abanto y Zierbena.

Montaud terminaba su informe con un resumen que recogía las siguientes consideraciones: «El ataque inminente se señala contra la cortina de Artebacarra a Urrusti e incluso a Gastelumendi, combinado con el que tiene por eje la carretera Durango-Bilbao» y para ello establecía como urgentes los trabajos de perfeccionar y dar la debida profundidad a la cortina de Artebakarra-Gaztelumendi, seguido de hacer lo propio en la organización de Artebakarra y en el sistema de Lezama. Seguidamente, por orden de importancia quedaban las obras de Upo, Ganekogorta y otras de Sodupe y Galdames. Salvando la situación,

COSTE ECONÓMICO DE LAS OBRAS DEL CINTURÓN DEFENSIVO DE BILBAO

(Cierre aproximado a 30 de abril de 1937, según la contabilidad del Departamento de Defensa de Euzkadi)*

MANO DE OBRA	COSTE
Jornales exactos de personal de obra hasta el 31 de marzo de 1937	6.586.956,08 ptas
Jornales exactos de personal técnico hasta el 31 de marzo de 1937	121.567,16 ptas
Jornales exactos de personal de administración hasta el 31 de marzo de 1937	46.465,69 ptas
Jornales exactos de personal de tracción hasta el 31 de marzo de 1937 (a)	168.232,26 ptas
Jornales aproximados del mes de abril de 1937	1.150.000,00 ptas
Total pagados a 30 de abril de 1937	8.073.221,19 ptas

(a) No incluidos los chóferes de camionetas acoplados a los Sectores

Los jornales pagados con esta cantidad son aproximadamente ochocientos quince mil (815 000 jornales)

HERRAMIENTA, MATERIALES Y ACCESORIOS	COSTE
Total gastados hasta la contabilización del 8 de mayo (b)	4.221.217,01 ptas

(b) Esta cantidad puede variar en alguna pequeña suma, ya que en la misma se incluye, además de los materiales y herramientas llevados a los sectores, lo ingresado en el Parque de Amezola, del cual la mayor parte se destina a la obra del Cinturón de Bilbao, no obstante lo cual algunas partidas son destinadas a los frentes y a los refugios urbanos. Compensan lo anterior aquellos materiales y herramientas que, del parque de Miravalles, destinado al aprovisionamiento de los frentes, hayan podido ser enviados a los Sectores del Cinturón de Bilbao.

* AHE, Fondo Carlos Blasco, Documentos, C12/07, 1 FOL. Defensa, Loc. cit.

La defensa de Bilbao está bastante atrasada en cuanto a obras se refiere (…) Sin embargo, su abundancia de nidos hormigonados, sus alambradas y su continuidad, así como sus condiciones naturales dan lugar a esperar que puedan sostener la defensa, incluso en pleno trabajo de ulteriores mejoramientos. (…) siempre que el juicioso empleo de reservas, del uso de su artillería, del municionamiento y de las armas automáticas se garantice.

En atención a su capacidad y, para un mejor aprovechamiento de sus conocimientos, Aguirre insistió en involucrar a Montaud en el seguimiento y buen fin de las obras de fortificación, para lo cual, el 26 de mayo el militar recibió del presidente el correspondiente nombramiento: *«por los méritos que concurren, (…) le nombro mi representante directo en las fortificaciones del territorio asignado a mi jurisdicción y Jefe Superior del personal que se ocupa en dichas fortificaciones, debiéndole todos acatamiento a las órdenes que dicte»*[23].

23.- AHE, Fondo Gobierno vasco Beyris, M-1752/5-3, 52, 3

LA ACTITUD DEL MANDO DEL EJÉRCITO DEL NORTE

Tras la caída del monte Bizkargi en manos de los sublevados, el 11 de mayo de 1937, las fuerzas republicanas lanzaron más de veinte contraataques para recuperar la cota, dada su importancia. Los soldados nacionales resistieron tenazmente, quedando la ermita de Santa Cruz, en la cumbre, totalmente destruida (I. Ojanguren, Gure Gipuzkoa).

Página anterior. La cortina de Artebakarra a Gaztelumendi, donde la obra se encontraba más atrasada y la línea era más vulnerable. Fue señalada por Montaud como el lugar por donde cabría esperar el ataque y, por tanto, se hacía necesario fortalecerla en profundidad. En la imagen, trincheras de zanja corriente en Berreaga (I. Ojanguren, Gure Gipuzkoa).

Durante el mes de mayo, como se ha visto, el presidente Aguirre decidió prescindir del general Francisco Llano de la Encomienda, jefe del Ejército del Norte republicano, y asumir personalmente el mando del Cuerpo de Ejército vasco, con el apoyo de su Gobierno y notificándolo al Gobierno republicano. Aun así, y mientras el pleito se dirimía, el Estado Mayor del Norte, cuyo responsable era el capitán Francisco Ciutat, analizaba la situación e internamente presentaba las conclusiones extraídas.

Por su contexto, terminología y redacción, podemos establecer la autoría y momento de la conclusión de estos análisis. Así, a principios de mayo de 1937, un informe de carácter reservado[24] advertía que:

La situación militar de Euzkadi, teniendo en cuenta su aislamiento del resto de la España leal y que los rebeldes tienen el dominio absoluto del aire y casi absoluto del mar, hace pensar que para detener la ofensiva iniciada contra Bilbao (…) es preciso realizar una gran labor de resistencia al E. de Bilbao, dura y brava, como se está llevando a cabo; (…) realizando, a la vez, una acción ofensiva por otros frentes y tratando de adquirir la supremacía en el aire (….) una ayuda y refuerzo inmediato del Ejército del Norte, en material y muy principalmente en aviación.

24.- Fundación Indalecio Prieto (en adelante FIP), Fondo Víctor Salazar, 1/ Caja 21, Carpeta 1, 370

En lo relativo a la defensa, se establecían las siguientes once medidas indispensables, que, por orden de urgencia, de manera resu-
mida y resaltada por los analistas, serían las siguientes:

1º. Fortificar y defender a toda costa la línea Cabo Machichaco –
Sollube – Fruniz – Urculu – Bizkargi – Amorebieta – Pagocheta –
Umbe – Labarrieta, con una segunda línea o posición principal de
resistencia en Jata – Munguía – Larrabezua – Lemona – Yurre –
Castillo Elejabeitia - Murga. [Además] Debiendo establecer un
sistema defensivo que defienda el Sur de Bilbao, para impedir que
puedan avanzar los rebeldes por el valle del Nervión. En la línea
Plencia – Zamudio – Galdácano – Miravalles debe extremarse la
defensa y continuarse a lo largo del Nervión. Debe asegurarse la
comunicación con Santander (…); 2º. Envío inmediato y urgente
de sesenta cazas y dos escuadrillas de bombardeo y reconoci-
miento. Habilitación de campos de aterrizaje al O. del Nervión (…);
3º. Refuerzo del Frente de Álava y Burgos. Fortificación de líneas
de resistencia y establecimiento de alguna reserva en Llodio-
Sodupe; 4º Establecimiento de un Mando Militar en Bilbao, subordinado al del Ejército del Norte y constitución de un Consejo de
Defensa en Bilbao (…); 5º. Se organizará el Ejército del Norte, y la
Consejería de Defensa del Gobierno Vasco cesará en sus funciones,
que pasarán al General del ejército del Norte y su E. M., que de-

Proyecto de doble línea
defensiva barajado por el
Estado Mayor del Norte,
alternativo y adelantado
al Cinturón proyectado
por Montaud ya en ejecu-
ción.

Combatientes vascos con una ametralladora ligera Lewis. Uno de los problemas acuciantes era la falta de armas automáticas necesarias para defender el perímetro del Cinturón Defensivo (Museo Memorial del Cinturón de Hierro).

penderá del Ministro de la Guerra y quedará subordinado y dependiente del Presidente del País Vasco como Delegado del Gobierno de Euzkadi y solo para sus frentes; 6º. Se constituirá en el Norte un Comité de Guerra del que formarán parte el Presidente del Gobierno de Euzkadi, los Delegados del Gobierno en Santander y Asturias, los jefes de las fuerzas militares (…) presidido por el General jefe del Ejército del Norte como Delegado del Ministro de la Guerra (…); 7º. En Bilbao se situarán, para estar en condiciones de defensa, víveres para dos meses (…); 8º. El Ejército del Norte se aumentará a 300.000 hombres, los comprendidos entre los 20 y 35 años (…); Se completará con la mayor urgencia el armamento necesario para ellos, a base de 250.000 fusiles, 7.500 fusiles ametralladores, 4.000 ametralladoras aptas para montaña, 1.000 ametralladoras pesadas, 1.000 morteros de 81 mm, 9.000 morteros de 50 mm, 1.000 cañones antitanque, lanzallamas proporcionalmente, 250 baterías de campaña y montaña, 100 baterías de 10,5 cm, 25 baterías de 15,2 cm, 24 baterías antiaéreas, 500 carros de combate, 120 aparatos de caza, 8 escuadrillas de bombardeo, material de transmisiones, de observación y puentes (…); 8º. Operaciones ofensivas por Burgos, Zaragoza, Huesca, Teruel y el Centro (…); 9º. Acción de la aviación y de la marina (…); Funcionamiento de un buen servicio de información y de otro de agitación y propaganda de la retaguardia enemiga (…).

Sobra decir que poco o nada de estas propuestas fue llevado a la práctica. En lo referente a las fortificaciones, el Mando del Ejército del Norte utilizó recursos del Cuerpo de Ejército vasco para fortificar líneas de contención mientras el Ejército del general Mola avanzaba por Vizcaya, de ahí la apreciación del teniente coronel Montaud de que:

Un cañón antitanque Maklen (McClean) M 1916, de 37 mm, de dotación en el Batallón de Máquinas de Acompañamiento a la Infantería 77 Irrintzi. Estas piezas, escasas, fueron muy valoradas por los defensores (Museo Memorial del Cinturón de Hierro).

los obreros que debieron derrochar sus esfuerzos en acabar el cinturón estuvieron sometidos en un ir y venir desconcertante y agotador, para organizar cada noche, en un lugar desordenadamente distinto, un nuevo frente tan desconocido, tan prohibitivamente extenso, tan condenado a ser abandonado, como el de la noche anterior.

En lo referente a las necesidades de armamento, especialmente aviación, artillería, carros de combate y armas automáticas, llama la atención el carácter ilusorio de la propuesta, solamente justificada como una declaración de buenos deseos, totalmente contrapuesta a la fatal realidad de carencia absoluta de esos materiales que se vivía en el Frente Norte. Por último, del informe sí se desprenden las preocupaciones de la jefatura del Ejército de Norte por poder controlar el cuerpo de Ejército vasco, llevado de manera autónoma por parte de José Antonio Aguirre en calidad de consejero de Defensa, consecuencia de su desencuentro, recíproco, con el general Llano de la Encomienda.

Tal como hemos visto, el Mando del Ejército del Norte apostaba por una defensa más adelantada que el propio Cinturón, aunque, a medida que transcurría el mes de mayo y las alturas relevantes de Jata, Bizkargi y Peña Lemona quedaban amenazadas de caer en manos de los franquistas, la defensa próxima a Bilbao se iba imponiendo como necesaria. A tal efecto, se analizó la situación, llegando a conclusiones en algunos casos similares a las que, por su parte, el teniente coronel Montaud transmitía a Aguirre. Estas conclusiones se plasmaron en un informe[25] que expresaba lo siguiente:

Doble ametralladora anti-aérea emplazada para la defensa del Bilbao Metropolitano. Según valoración del mando del Ejército del Norte, serían necesarias 24 baterías de estas armas, cantidad totalmente inalcanzable cuando lo habitual era emplear ametralladoras convencionales adaptadas (Museo Memorial del Cinturón de Hierro).

Teniendo presente las informaciones del campo enemigo y las concentraciones observadas en los últimos días, entran en el terreno de las acciones probables inmediatas en el frente del Cuerpo de Ejército número 1, las siguientes: 1º. Ataque por el norte del Bizcargui (…); 2º. Ataque del Sur (Gorbea-Orduña, dirección Miravalles-Valmaseda) al Norte (Castro Urdiales) para aislar a Euzkadi del resto del territorio leal; 3º. Ataque por la costa en dirección a Plencia. (…). La primera, según las noticias, será la del Bizcargui (…) las direcciones del enemigo coinciden con aquellos Sectores en que nuestra fortificación es más débil.

Las medidas propuestas para malograr los propósitos del Ejército franquista eran tanto de carácter militar como de carácter político, y, como en casos anteriores, algunas más posibles de llevar a la práctica que otras, verdaderamente difíciles de aplicar.

25.- AGMAV, C.2874, 12 / 4-7

Ante la carencia de blindados oruga y basándose en un proyecto de Trubia, en la factoría La Naval de Sestao se construyeron estos carros de combate armados de dos ametralladoras, siendo entregadas un total de 18 unidades (Museo Memorial del Cinturón de Hierro).

Grupo de trabajadores, militarizados, de la obra del Cinturón de Hierro. Estos hombres en ocasiones serían también empleados para fortificar líneas intermedias de contención ante el avance del Ejército de Mola (Erri).

El primer conjunto de actuaciones iría encaminado a lograr la eficacia y profundidad de las defensas: «*Necesidad de reforzar la primera línea del Cinturón y paralelamente la iniciación de un plan de fortificación en profundidad*». Ello supondría la sectorización del Cinturón, cosa que ya existía, con un técnico responsable al frente que llevase adelante un plan de fortificaciones consistente en lo siguiente: construcción de refugios en galería de mina en la línea de trinchera y reforzamiento de los refugios de cemento, como medida más eficaz contra la aviación; tendido del mayor número posible de líneas de alambradas en todo el Cinturón, la primera de las cuales a no menos de 50 m de la trinchera, proponiéndose, así mismo, la electrificación de alambradas y la colocación de minas explosivas al pie de las mismas; rectificación del trazado de trincheras mal emplazadas y construcción de líneas de trinchera nuevas, de dos metros de profundidad y no más de un metro de anchura, con trazado del tipo «de través» para la protección de los flancos y con caminos cubiertos de retirada construidos en zigzag; camuflaje de las fortificaciones; y, por último, mejoramiento y construcción de nuevas vías de acceso a retaguardia. Cabe decir que la mayoría de estas medidas ya las contemplaba Montaud en sus indicaciones precedentes, si bien, por mala ejecución de los técnicos o por la intención consciente de Goicoechea, muchas de las obras adolecían de defectos que habrían de corregirse.

La segunda de las actuaciones recomendadas en el informe iba encaminada a la «*Organización del Frente*», para la cual el Estado Mayor tendría que crear en el Cinturón las líneas divisorias entre las divisiones desplegadas en su perímetro para la defensa. Dentro de cada sector, a su vez, las brigadas organizarían cada tramo defensivo a cada una de ellas encomendado, con una primera línea avanzada, una segunda línea de

resistencia y una tercera línea de reserva. Además, se tendría que contar con una organización de enlace permanente para mantener el contacto entre unidades en los flancos, así como otra organización de emplazamientos artilleros para dar cobertura a la Infantería.

Como tercera actuación, se contemplaba la acumulación de reservas a disposición del Cuerpo de Ejército, en base a seis brigadas extraídas del propio frente, así como a un nuevo contingente de otros 12 000 hombres procedentes de los últimos reemplazos movilizados, destinados a cubrir las bajas de las unidades combatientes. Se insistía en la necesidad de movilizar a aquellos hombres útiles para el Ejército que conseguían fraudulentamente evadir el servicio de armas, amparados por destinos de retaguardia o dispensas de carácter médico.

La cuarta medida iba orientada a mejorar la formación militar de jefes, oficiales, suboficiales y cabos, se entiende que de aquellos procedentes de milicias y carentes de una formación militar académica, así como a mejorar la instrucción de la tropa. También se proponía investigar la lealtad a la República de los mandos, llevándose a cabo la depuración de aquellos de los que hubiera pruebas en su contra.

La quinta medida, relativa a las industrias de guerra, abogaba por la evacuación de tales industrias, la intensificación de la producción de guerra y su control por parte del Cuerpo de Ejército.

Trincheras en zigzag, más eficaces frente a los bombardeos aéreos y artilleros que las trincheras rectilíneas de zanja corriente. La imagen fue tomada en el cordal de Berreaga a Urrusti (I. Ojanguren, Gure Gipuzkoa).

La necesidad de formar oficiales capacitados para las armas de Infantería, Artillería e Ingenieros, llevó a la creación, en 1937, de la Academia Militar de Euzkadi y de la Escuela Popular de Guerra. En la imagen, los cadetes, tras recibir sus despachos, desfilan por la Gran Vía de Bilbao (Erri).

A estas actuaciones en el plano militar, se añadían otras de orientación política, tales como la revisión de antecedentes de afiliados a partidos y sindicatos, la realización de una campaña de propaganda para subir la moral de la gente, la lucha contra «la quinta columna» y declarar a Bilbao como zona de guerra.

En los días sucesivos, continuó la pugna por el control del Cuerpo de Ejército de Euzkadi, que tanto el presidente Aguirre como el general Llano consideraban de su directa competencia. El Gobierno vasco, a la espera de una respuesta a su reclamación de un nuevo general jefe al Ministerio de la Guerra, mostró su malestar por lo que consideraba una injerencia en su campo. Así, el consejero de Justicia, Jesús María Leizaola, expresaba en un informe del 23 de mayo[26]:

> Sabido es que entre el frente actual y Bilbao existen unas posiciones preparadas hace muchísimos meses y a las que se ha dado en llamar Cinturón. El enemigo no ha llegado frente a estas en ninguna parte todavía. Pues bien, el Mando del Norte, como si no existiese tal Cinturón se empeña en considerar que la resistencia debe hacerse en la línea del Nervión (…) Esto no lo puede concebir sino quien desee –por lo que sea– la destrucción de Bilbao. El Mando del Norte con esta mira está preparándolo todo. Y aunque sus órdenes son en muchos casos incumplidas, la tendencia de ellas es tan clara, que es obligado exigir que la responsabilidad del caso se afronte directamente por dicho Mando del Norte y por el Gobierno de la República. (…) Otra manifestación de esta monstruosidad del Mando del Norte es que jamás ha sugerido nada, ni mucho menos ordenado, en relación con el mejoramiento del valor defensivo y del refuerzo del llamado Cinturón de Bilbao.

Página anterior, abajo. El consejero de Justicia del Gobierno vasco, Jesús María Leizaola, protestó por la apatía del Mando del Ejército del Norte en relación al Cinturón Defensivo de Bilbao. En 1960, tras el fallecimiento de Aguirre, Leizaola presidiría el Gobierno vasco en el exilio hasta la llegada de la democracia a España (Muga).

En lo relativo al Cinturón, cabe destacar que el capitán Ciutat, años después, declararía que el Estado Mayor del Norte siempre estuvo en contra de la idea de erigir esa defensa en forma de anillo alrededor de Bilbao, siendo partidario de construir una línea más corta y alejada de la ciudad, apoyada en accidentes geográficos notables y orientada únicamente en previsión de un ataque procedente desde el Este o del Sureste (Ciutat, 1978). No obstante, en el informe ya presentado se plasma la intención, a posteriori, de reforzar el Cinturón y darle profundidad, recomendaciones que al

26.- FIP, Fondo Víctor Salazar, 1/Caja 21, Carpeta 1, 355

parecer se desecharon o no trascendieron en absoluto, a juzgar por las consideraciones de Leizaola. Sin embargo, sí se tuvieron en cuenta otras indicaciones, como la de evacuar la industria de guerra ante el avance del Ejército de Franco, pues el Mando del Norte dio la orden de hacer lo propio con la fábrica La Dinamita, de Galdakao, «*fábrica que por su naturaleza es absolutamente imposible de trasladar*», a juicio de Leizaola.

LAS IMPRESIONES DEL CORONEL MONNIER

José Antonio Aguirre, persona de carácter muy optimista, desde el primer momento en ejercer su cargo de consejero de Defensa, intentó rodearse de militares cercanos que pudieran informarle y aconsejarle sobre la marcha de las operaciones y el mejor modo de conducir la guerra. Tanto inicialmente, como gobernante, como a lo largo del mes de mayo, cuando tomó el mando operativo del Cuerpo de Ejército de Euzkadi, el lehendakari se apoyó en profesionales con más o menos experiencia, escuchando y valorando sus puntos de vista. En algunos casos, como con el capitán Ciutat, Aguirre se sintió defraudado, pero en otros, como con el teniente coronel Montaud, la admiración mutua se prolongó durante muchos años después de la guerra. Aguirre, además, no tuvo inconveniente en escuchar las recomendaciones del asesor soviético, general de brigada Vladímir Górev, e incluso la de algunos corresponsales de guerra, como el británico George Lowther Steer, del diario *The Times* de Londres, o el belga Mathiew Corman, del rotativo comunista francés *Ce Soir*. Sin embargo, de entre todos ellos, sobresalía la figura singular del coronel francés Robert Monnier.

Monnier, antiguo oficial de Cazadores Alpinos del Ejército francés, durante la Gran Guerra había formado parte del Estado Mayor del general Ferdinand Foch, siendo recompensado, por sus altos méritos, con la distinción de la Orden Nacional de la Legión de Honor. Monnier estaba acreditado en Bilbao como corresponsal de guerra, aunque ejercía como asesor del presidente Aguirre, visitando los frentes e informándole puntualmente de lo que observaba. Según algunas sospechas, y sin que ello supusiese una merma de sus servicios al lehendakari, Monnier informaba también a la Inteligencia francesa, el *Deuxieme Bureau*, sobre la marcha de la guerra en el País Vasco y los avances tecnológicos militares visibles en el ejército atacante. El coronel francés, durante su estancia en el frente vasco, siempre utilizó el pseudónimo de Robert de Jaureghy con el que firmaba, así mismo, sus informes.

No cabe duda de que Aguirre quería conocer la opinión de Monnier con respecto al estado del Cinturón en su

El coronel francés Robert Monnier *Jaureghy*, asesor del presidente Aguirre, se esforzó por inculcar a los constructores del Cinturón soluciones de fortificación para una defensa más sólida y eficaz en la zona más amenazada. En 1939 fue reclutado para participar en la organización de la resistencia etíope frente a la ocupación italiana, falleciendo de agotamiento el 11 de noviembre de ese año (Biblethiophile).

Grupo de zapadores durante un alto para la toma del rancho (Erri).

Impresionante vista aérea de las fortificaciones situadas entre Urrusti y Berreaga, tomada por la Aviación Legionaria italiana (Ejército del Aire).

punto más precario, una semana después del análisis realizado por el teniente coronel Montaud, suponiendo que en ese tiempo la línea habría mejorado. Así, tras una visita meticulosa a las obras situadas entre el oeste de Artebakarra y el este de Fika, el francés entregó el 19 de mayo un informe bastante crítico con la situación[27], proponiendo medidas urgentes para solventar los defectos observados. Monnier comenzaba su memoria indicando que «*el cinturón no está aún dispuesto. Presenta grandes imperfecciones*», consistentes en: falta de profundidad; insuficiencia de refugios; defensa defectuosa de los caminos y desfiladeros; mala unión con otras líneas de defensa; e inexistencia de la organización militar.

El coronel atribuía estas deficiencias constructivas a dos grandes defectos organizativos: la falta de Mando y la falta de Organización. Monnier observaba:

27.- AGMAV, C.2874, 12 / 1-3

No dejaré de repetir que no es a los Ingenieros a quien corresponde fijar los trabajos a realizar, sino al Mando. Los Ingenieros ejecutan las órdenes dadas como consecuencia de los fines militares que se persiguen. He comprobado sobre el lugar que los equipos de trabajadores, mal vigilados, no hacen nada. (…) Considero como criminal el abandono y la indiferencia de que dan prueba los ejecutantes. De un refugio mal hecho, de una posición mal estudiada, depende la vida de los hombres y puede ser la salvación del ejército. Los trabajadores cumplirían con su deber si estuvieran mandados por jefes responsables que hubieran recibido misiones determinadas. El control de trabajo permitiría fijar si existe por parte de algunos una sistemática mala voluntad.

Construcción de refugios en galería de mina en el Cinturón Defensivo de Bilbao (Erri).

Para poner remedio práctico a las deficiencias observadas, Monnier aconsejó las siguientes medidas urgentes:

Primero, dar profundidad a las defensas: «*que el enemigo choque hasta en el llano con las primeras defensas del cinturón*». Para ello, y a falta de nidos de ametralladora de hormigón construidos a ese nivel, era apremiante constituir en el llano una línea de vigilancia adelantada, formada por centros de resistencia independientes que se flanqueasen mutuamente. Monnier aconsejaba comenzar erigiendo una línea de alambrada continua, siguiendo las curvas del terreno, a lo largo de los 10 km de Cinturón a reforzar. Seguidamente y, a unos 200 m por detrás, paralelamente, se construirían unas 40 trincheras de combate con sus refugios traseros, las cuales constituirían los reductos de resistencia. En las avanzadas de estos reductos se constituirían dos líneas de trincheras de combate, distantes 50 m, unidas por caminos o zanjas de comunicación que a su vez podrían ser usadas como trincheras para repeler ataques de flanco. Cada trinchera, zanja o camino de esta organización del terreno, debería ir separada por alambradas espesas. Después, con el tiempo, el conjunto se iría mejorando y robusteciendo.

Como segundo punto a mejorar, estaría la construcción de un número suficiente de refugios en galería de mina en la línea del Cinturón, principalmente en contrapendiente, pues los existentes no eran bastantes. Monnier aconsejaba la formación de equipos especializados en construir a destajo este tipo de abrigos.

En tercer lugar, se hacía perentorio proteger firmemente los caminos y desfiladeros, por ser puntos de paso amenazados. Para ello, Monnier instaba a preparar estacadas, empalizadas y caballos de Frisia en los caminos, así como minas explosivas contra los carros de combate. En los desfiladeros deberían establecerse centros de resistencia y era necesario preparar la obstrucción de la vía de ferrocarril a su paso por Artebakarra.

Las cotas situadas al este de Gaztelumendi, fortificadas tras la recomendación del coronel Monnier, en un croquis realizado en fecha previa a los combates (Archivo General Militar de Ávila).

En cuarto y quinto plano, quedaba la unión con otras líneas, así como poner remedio a la ausencia o insuficiencia de puestos de mando, observatorios, enlaces telefónicos y ubicación en retaguardia para las reservas. Monnier concluía con que «*el Cinturón no está dispuesto; con la organización, con mando, con control, puede ser en pocos días inviolable. Basta para ello, quererlo*».

Seis días más tarde, el 25 de mayo, el coronel francés visitaba nuevamente las obras del Cinturón (Steer, 1938), informando a Aguirre de que la «la *línea principal de resistencia es sólida desde la costa hasta Artebakarra, pero es muy débil al sur de este punto, donde existen nada más que nidos de ametralladoras, trincheras excesivamente rectas e insuficientes alambradas de púas*».

Monnier insistía, en su informe, en la necesidad de construir, en la línea principal de defensa, refugios sólidos en galería de mina para la guarnición, localizados en la contrapendiente de la colina, preferentemente con entrada en una parte del monte y salida en la otra. A su juicio, los refugios que estaban construyendo los batallones de montaña, de guarnición en el Cinturón, no eran lo suficientemente seguros contra la artillería.

Además, el francés reclamaba aumentar el número de alambradas, incluso aprovechando los recursos forestales del terreno:

El caserío Pikene, situado en las afueras de la localidad de Larrabetzu, fortificado con un nido de ametralladora en su estructura. En opinión de Monnier, aún bombardeada la casa, el conjunto mantendría su valor defensivo (I. Ojanguren, Gure Gipuzkoa).

No llego a entender por qué en su país se emplean solamente barras de hierro para sujetar las alambradas. Donde hay un abrigo frente a una posición se deberían despejar de arbustos las

84

AL GOBIERNO DE EUZKADI - PRESIDENCIA
OBSERVACIONES PARA LA SECCIÓN DE FORTIFICACIONES[*]

Es preciso hacer trabajar más, y de día, sentando duramente la mano para aquellos que originen protestas o sean causantes de una falta de espíritu de trabajo, dando toda autoridad a los jefes encargados de las brigadas de trabajadores.

No hay que olvidar:

1°. De camuflar urgente y convenientemente todas las líneas atrincheradas, valiéndose de ramas de árboles que vayan talándose, etc.

2°. No descuidar los campos libres de tierra, talando cuantos árboles impidan la visibilidad del enemigo.

3°. Seguir siempre este orden: refugios, alambradas, trincheras.

Bilbao, 20 de mayo de 1937

[*]MMCdH, Fortificaciones, Observaciones para la Sección de Fortificaciones 20-05-1937

zonas más bajas y unir los troncos con alambradas de púas. (…) Ofrece la ventaja de que, como el enemigo las cree mal defendidas, trata de infiltrarse para caer de esta forma bajo el fuego de nuestras ametralladoras.

También Monier sugirió la idea innovadora de fortificar los caseríos aislados, usándolos como centros de resistencia. El trabajo consistía en construir un nido de ametralladora de hormigón en el interior, acompañado de un abrigo del mismo material para la guarnición. Así, «*si el enemigo bombardea el caserío una vez terminado el puesto de defensa, las ruinas lo harán aún más inexpugnable*».

En lo referente a la organización de otras instalaciones militares, como observatorios, enlaces, carreteras, etc., el coronel criticaba que no se hubiera hecho nada, reinando el desorden.

De todo su informe, tal vez el párrafo más importante era el que se refería al punto por donde, a juicio de Monnier, vendría el ataque: «*El lugar que es necesario apuntalar de forma especial es el monte situado al este de Gastelumendi, donde no existe ninguna defensa: allí el enemigo tendrá una zona de asalto de primer orden*», lo que seguramente llevó a la fortificación de la cota 298 próxima.

Quizá también, a consecuencia de este informe, fuese cesado el jefe del Sector de Artebakarra, como sugiere el escrito del ingeniero jefe del Cinturón, Vicente Aguirre, dirigido al consejero de Defensa, José Antonio Aguirre, de fecha de 25 de mayo: «*Se ha cumplimentado con esta fecha lo ordenado en su Oficio de hoy, en lo que se refiere al Ingeniero de Caminos, D. Luis Rivet*»[28].

28.- MMCdH, Fortificaciones, Comunicación de V. Aguirre a J. A. Aguirre 25-05-1937.

EL CINTURÓN, REFUGIO SEGURO

A finales de mayo, la existencia del Cinturón no era un secreto para nadie, ni siquiera para los nacionales, quienes para entonces ya lo habían bautizado como «Cinturón de Hierro», un término que con el tiempo se iría extendiendo y popularizando entre ambos bandos. Tanto la población civil como los propios combatientes esperaban que, una vez se viesen obligados los defensores a replegarse hasta el Cinturón, allí podrían atrincherarse de manera segura y eficaz, resistiendo todo ataque y asedio, quedando la ciudad de Bilbao igualmente protegida, con su población a salvo, sin que tampoco le faltasen los recursos para mantenerse.

En contra de este propósito, una columna del diario *Euzkadi*, publicada el 27 de mayo, hacía hincapié en que el Ejército de Euzkadi debía defender el territorio lo más firmemente posible, para solamente replegarse al Cinturón si se viese obligado a ello y sin otra opción. Una vez allí, la sólida voluntad de defensa de sus tropas haría inexpugnable la línea fortificada en torno a Bilbao.

A finales de mayo de 1937, con la ofensiva contra Vizcaya muy avanzada y las tropas franquistas cercanas a Bilbao, las esperanzas de la población y de los combatientes se centraban en poder resistir de manera prolongada tras los muros del Cinturón (Col. Lucas Molina Franco).

EL CINTURÓN DE HIERRO
(DIARIO EUZKADI, 27 DE MAYO DE 1937)

(...)

El cinturón Bilbao, puesto que alguna manera hemos de llamarlo, obedece en su creación a una serie de consideraciones de orden militar, a otras no pocas de orden político general y a muchas de orden patriótico vasco. Unas y otras convergen en una que es la suma y compendio de todas ellas: Bilbao tiene que ser defendido porque su suerte es de capital importancia en el resultado final de la guerra.

Y aceptado ese principio, contra el que sólo pueden ir los cobardes y los traidores, surge otra afirmación, que es un verdadero axioma militar: Bilbao tiene que ser defendido no desde Bilbao mismo, sino desde fuera de Bilbao; desde posiciones y líneas que impidan al enemigo no sólo entrar en Bilbao, sino también emplazar baterías que puedan tener a Bilbao bajo su fuego.

(...)

En último extremo, desde allí ha de defenderse Bilbao. Y esto es tan claro, que, si alguien osara afirmar lo contrario y sostener, por ejemplo, que la defensa de Bilbao está en el Pagasarri o en el mismo Bilbao, nuestro pueblo, todo nuestro pueblo lo juzgaría como a cobarde o como a traidor y exigiría el inmediato, rápido y ejemplar castigo que la traición o la cobardía merecen en las actuales circunstancias. (...)

La misión, pues, del cinturón de Bilbao es defender a Bilbao; y la del ejército vasco ahora la de impedir primero que el enemigo se acerque al cinturón, y luego, si las circunstancias lo impusieran, defender el cinturón, convirtiéndolo en inexpugnable.

¿Lo es en realidad el cinturón? Rotundamente, sí. Porque para ser inexpugnable no le hace falta más que el propósito decidido de que lo sea, y este no ha de faltar.

El cinturón de Bilbao, buena obra defensiva desde sus comienzos, va robusteciéndose día por día. Un trabajo ahincado y de no muchos días ha de hacer de él un baluarte invulnerable. El hombre de la retaguardia y el gudari deben saber, deben tener la convicción absoluta de que, a su abrigo, sin temor de flanqueos ni sorpresas, protegidos contra la metralla de aire y tierra, pueden defender con seguridad plena de éxito la villa en que los vascos tenemos puesto hoy nuestro amor y los antifascistas todos han depositado su merecida confianza.

El capitán Sabino de Apraiz recordaría, años más tarde, la desmedida confianza puesta en el Cinturón por parte de dirigentes y militares ajenos a la obra (Archivo Histórico de Euskadi).

Sobre esta idea se pronunciaría días más tarde el periodista soviético Mijaíl Koltsov, corresponsal del diario *Pravda* y considerado por muchos los ojos de Stalin en España, quien llegó a Bilbao el 2 de junio de 1937 e incluso tuvo ocasión de entrevistar al presidente Aguirre:

En Bilbao, incluyendo a cierta parte de combatientes y jefes, la fe en las propiedades mágicas del «cinturón» ha creado la idea de que no importan mucho los combates en las proximidades de la ciudad y de que la auténtica defensa empezará sólo desde el momento en que se replieguen a las posiciones fortificadas. Esta idea es falsa y sumamente nociva. No existen cinturones y fortificaciones que de por sí constituyan una garantía de defensa. Todo depende de cómo los utilice el ejército en el transcurso de la batalla y en qué condiciones comienza a defenderse en ellas. (Koltsov, 1963).

Para Sabino de Apraiz, capitán ayudante del Jefe de Operaciones:

Los que no lo conocían ni se habían preocupado hasta entonces por tal «cinturón» comenzaron a hablar de él cuando lo vieron construido y a poner en tales fortificaciones una desmedida confianza, que irritaba al jefe de Estado Mayor, don Alberto Montaud, jefe y proyectista de tal línea defensiva y que a veces, con muestras de enfado, le hacía exclamar: ¡Pero, ¿qué se ha creído esa gente que es el Cinturón?! (Aberasturi, 1978).

Para el comandante de Artillería Casiano Guerrica-Echevarría –a la derecha, junto a Aguirre, durante la batalla de Villarreal– la obra sirvió para elevar la moral del combatiente (Familia Guerrica-Echevarría).

Sin embargo, el jefe de Parques de Euzkadi, comandante de Artillería Casiano Guerrica-Echevarría, persona muy cercana al teniente coronel Montaud, estimaba que:

A esta fortificación se le empezó a dar fama por todos, no por considerarla como una barrera infranqueable, ni mucho menos, sino para conservar la moral del miliciano, creyendo éste que, aun cuando se retiraba, tenía a retaguardia una fortificación mucho mejor que las que abandonaba y en la que ya no dejarían de llegar los elementos de aviación, etc., tantas veces prometidos. Toda esta importancia que se daba al cinturón hizo que el atacante también se la diera, y trajo un tren de ataque muy superior a la fortificación, ya que en artillería llegó a emplearse el calibre 305 mm y la aviación empleó bombas de 250 kg[29].

De manera parecida se expresaría cuatro décadas después Joseba Elosegi, un hombre cercano a la tropa, teniente de una sección de ametralladoras del Batallón 53 Saseta, quien consideró nocivo el apego que los gudaris y milicianos vascos mostraron hacia el Cinturón:

El teniente de gudaris Joseba Elósegi –en una imagen posterior como capitán del Ejército Popular Republicano- observó cómo, frente a la desmoralización de las derrotas, los combatientes vascos esperaban poder acogerse y resistir en una fortaleza verdaderamente sólida, lo cual era un error (Estones-Lasa).

El Cinturón fue inútil para la resistencia vasca y además esa psicología equivocada de su fortaleza e invulnerabilidad que se forjó en el ánimo de los soldados vascos en retirada, fue causa de una menor resistencia en sus posiciones exteriores. Cansados y batidos

29.- Universidad del País Vasco (en adelante UPV), Archivo Ruiz de Aguirre, Fondo Comandante C. Gerrika-Etxebarria, Cp.28, Exp.1. *Reproducción de las Memorias del Comandante de Artillería Casiano Guerrica-Echevarría.*

El corresponsal del diario *Pravda*, Mijaíl Kolstov –en el centro con gafas-, rodeado de militares republicanos durante su visita a Bilbao en junio de 1937. En su opinión, no existían fortificaciones que de por sí constituyesen una garantía de defensa (Erri).

Panorámica de la dársena de Galdames, en el puerto de Bilbao. La llegada del mercante soviético Andreiev proporcionó a la Aviación republicana del Norte 15 cazas Polikarpov I-15 «Chatos» a comienzos de noviembre de 1936, los únicos aparatos de calidad recibidos hasta casi el final de la campaña de Vizcaya (Erri).

en plena descubierta, era lógico que hubiera una tendencia general de ir a resistir con mejores posibilidades a una línea convenientemente fortificada. Los planes del mando no eran esos, conocedores del verdadero estado de la última línea de resistencia que defendía Bilbao, y ordenaba frenar el avance enemigo en líneas que se trazaban sobre el plano y que muy a menudo ya estaban rotas de antemano en algún punto. Pero la desmoralización por las continuas derrotas y la creencia de poder encontrar buenas fortificaciones, con su consiguiente seguridad, un poco más atrás, hacían que la resistencia se fuera debilitando (Elosegi, 1971).

LA AVIACIÓN REPUBLICANA, PRIVILEGIO DE OTROS FRENTES

Desde el comienzo de la ofensiva, el frente vasco acusó la falta casi absoluta de cobertura aérea. La Legión Cóndor alemana, la Aviación Legionaria italiana y la Aviación nacional española agrupaban más de cien aparatos de bombardeo y de caza. Para la defensa, Bilbao contaba con pocos aviones homologables a los de sus adversarios, tal vez unos pocos Polikarpov I-15 «Chatos» supervivientes de los 15 que habían arribado meses atrás, el 2 de noviembre de 1936, en las bodegas del mercante soviético *Andreiev*.

La falta de aviación preocupó profundamente a los dirigentes políticos y militares vascos, especialmente al lehendakari Aguirre. Este solicitó sin tregua al Gobierno de Valencia aviones para la defensa, sin obtener durante meses demasiada atención a sus requerimientos.

Aguirre tenía conocimiento de que la España republicana estaba recibiendo, por el Mediterráneo, cantidades considerables de material de guerra soviético, entre ello, varios centenares de cazas I-15 e I-16, que eran destinados a frentes de guerra a donde necesariamente y, en ese momento, no se dirigían los ataques del Ejército del general Franco. Ante las peticiones de socorro, la respuesta que Aguirre recibía era que los aviones no tenían autonomía para alcanzar el Norte republicano, aislado, desde la zona Centro, y que, de intentarlo desde Cataluña, los aparatos deberían repostar en territorio francés, donde serían desarmados y devueltos a su lugar de origen.

Aguirre sospechaba que, para la República, el País Vasco y el Norte en general eran un frente secundario, mientras que el prestigio gubernamental se mantenía en Madrid y ahí deberían ir destinados los medios y máquinas de guerra más eficaces. Ante el distanciamiento de las democracias occidentales con respecto al régimen republicano, la Unión Soviética se presentó como la gran aliada, lo que consiguió aumentar la influencia del pequeño Partido Comunista de España, ahora fortalecido, en la política global española.

En Euzkadi, el Partido Comunista tenía una representación muy pequeña en el Gobierno autónomo, es decir, una sola consejería, la de Obras Públicas, de un total de 11. Igualmente, en el Ejército, solamente ocho de los 71 batallones de infantería procedían de las milicias comunistas, si bien, el Partido intentó ampliar su influencia dentro de las unidades inicialmente adscritas a las Juventudes

Con los cazas llegados a Bilbao, se formó una escuadrilla inicialmente capitaneada por Boris Aleksandrovich Turchansky y radicada en el aeródromo de Lamiako. A lo largo de la contienda estos aviones fueron perdiéndose (Aviación sobre España)

El consejero de Obras Públicas, Juan de Astigarrabia -con abrigo oscuro-, durante el acto de entrega de su bandera al batallón comunista 44 Salsamendi (Erri).

Socialistas Unificadas, al igual que ocurrió en otros lugares de la península. Si bien el dirigente y consejero comunista Juan Astigarrabia era un hombre cercano a Aguirre, lo que meses después le costaría la expulsión de su partido, su correligionario vasco, Jesús Larrañaga, era un líder crítico con diversos aspectos de la política seguida por los nacionalistas vascos en tiempo de guerra. Para él, el País Vasco tenía pendientes diversas transformaciones sociales, así como llevar a cabo un mayor sacrificio en el plano bélico, algo no compatible con la gestión del Gobierno vasco, que calificaría de «reaccionaria».

Como después declararía el presidente vasco en su informe al Gobierno de la República[30], él tenía indicios de las intenciones centralistas de desplazar a los nacionalistas vascos de su influencia en el ejército y apoyarse en elementos comunistas, los cuales, alcanzado su objetivo podrían «*Conseguir al momento el apoyo de la aviación y lanzarse a una contraofensiva que será, a no dudar, victoriosa*», según una confidencia llegada del comunista heterodoxo José Luis Arenillas , Inspector General de Sanidad del Ejército de Euzkadi.

Llegados a este punto, el reproche por la falta de aviación para poder defender Vizcaya transcendió, en el sentido de que tanto el Gobierno republicano como los emergentes comunistas españoles acaparaban los suministros bélicos soviéticos para mantener a raya al Ejército rebelde en sus zonas geográficas de influencia, quedando el País Vasco al margen del reparto.

La reacción comunista, expresada principalmente a través de su órgano oficial, el diario *Euzkadi Roja*, fue la de insistir en que lo verdaderamente importante era fortificar y construir buenos refugios antiaéreos, habidos los cuales, los aviones para la defensa no serían ya tan necesarios. Esto dio lugar a una gran campaña propagandística que ocupó las cabeceras y columnas del mencionado diario durante los meses que mediaron entre el comienzo de la ofensiva y la caída de Bilbao, tendente a trasladar a la población la visión que los comunistas tenían de cómo había de llevarse a cabo la dirección de la guerra.

Acertaba el periódico comunista, al reiniciarse las hostilidades, en que el empuje del Ejército nacional sobre Vizcaya sería grande y, especialmente, apoyado por una formidable maquinaria de guerra, frente a lo cual cabría resistir aplicando medidas de excepción:

La propaganda del Partido Comunista de Euzkadi se esforzó en mostrar la importancia de fortificar para detener la ofensiva del Ejército rebelde y neutralizar el efecto de los ataques aéreos sobre las tropas (Euzkadi Roja).

Normas elementales de fortificación

30.- Sabino Arana Fundazioa / Archivo del Nacionalismo (en adelante SAF/AN), DP-62-01. Aguirre. *Informe sobre los hechos que determinaron el derrumbamiento del Frente del Norte.*

En medio de su inmensa maldad, la acción brutal que ha orientado ese fascista vasco que desertó del Alto Mando de nuestro Ejército, el capitán Goikoetxea, tiene la virtud de sacudirnos la apacible confianza en que para nosotros venía desarrollándose la contienda. (…) La rudeza del ataque debe imponernos a todos la ruda obligación de actuar conforme a la realidad (…) practiquemos con firmeza inquebrantable un orden de guerra.

Manifestación de civiles voluntarios para realizar trabajos de fortificación tras el comienzo de la ofensiva contra el País vasco (Erri).

Poco después se insistía en la idea de que «*los medios que por tierra, mar y aire pone a contribución el enemigo no deja lugar a dudas sobre la importancia decisiva que para él tiene esta ofensiva. Cabe a Euzkadi el alto honor de soportarla*», siendo la fortificación del territorio un pilar básico de la defensa:

El trabajo de choque en el atrincheramiento es el complemento a estas medidas que pueden malograr los intentos del enemigo. Vamos a tener un Mando Único, vamos a tener los comisarios políticos, una movilización general y las brigadas que nos abran las trincheras necesarias. Factores todos ellos de victoria.

Llamamientos del Partido Comunista a sus simpatizantes y a la ciudadanía para acelerar las obras defensivas en torno a Bilbao (Estampas de la Guerra).

Ante los rumores de indolencia por parte del Gobierno republicano a la hora de enviar su fuerza aérea a Vizcaya, el día 8 de abril de 1937, el rotativo comunista, bajo el eslogan «*Soldados: ¡Resistid! ¡Resistid! ¡Resistid! los medios aéreos que esperáis para atacar, están llegando*» intentaba convencer a los defensores de Bilbao que «*el Gobierno de la República, consciente de lo que en Vizcaya se juega el enemigo, va a mandar —está mandando, mejor dicho— un fuerte lote de la invicta aviación antifascista que castigará e impedirá los crímenes de la alemana. (…) Pero hay que resistir, hay que resistir y hay que resistir. Aviación está llegando*».

Manuel Eguidazu –en el centro–, ingeniero y comandante del batallón comunista 10 Perezagua, con sus hombres, a su regreso de Asturias en abril de 1937. Llegó a decir que prefería un buen refugio a 40 aviones. Meses después, estando preso en Santoña, fue fusilado el 4 de octubre de 1937 (Erri).

A pesar de estas promesas, la actitud de las altas esferas vascas variaba entre la incredulidad y la ironía, como relataría el periodista británico George Steer al respecto:

Bilbao esperaba ahora el cumplimiento de las promesas de Cisneros. Se dijo a los vascos que una fuerza aérea les llegaría cualquier día de Cataluña. Pero en la Presidencia estaban escépticos. Cuando cenaba en el Departamento de Guerra me encontré con que Unzeta, doctor encargado de la Sanidad Militar, había inventado una nueva canción, que entonó acompañándose al piano: «Dicen que van a venir, que van a venir los aeroplanos. Mataremos al Fascismo con los dientes y las manos. Dicen que van a venir, que van a venir los aeroplanos. Vendrán, vendrán, pero nunca llegarán. (…)». Esa se convirtió en nuestra canción de moda y con ella se lograba reír en cualquier situación comprometida.

Por su parte, la prensa comunista seguía incidiendo en que el arma aérea no era imprescindible para la defensa si los defensores disponían de una buena red de fortificaciones:

Hay que construir sucesivas líneas de fortificación que harán de nuestro pueblo, primero, el baluarte invencible y luego, el martillo que les aplaste. No olvidemos que la inferioridad momentánea de un arma no es factor decisivo en la contienda. Tenemos el ejemplo de Madrid, que trazó, sin aviones, una línea defensiva que no pudo ser vulnerada.

A tal fin, se lanzaron consignas para acudir de manera masiva a los trabajos de fortificación. Cabe decir a este respecto, que, si bien el Partido Comunista era una fuerza minoritaria en el País Vasco, a pesar de su gran peso específico en el comunismo español con figuras de primer orden como Dolores Ibarruri *Pasionaria* o Vicente Uribe, disponía de una militancia entusiasta, sacrificada y obediente a los dictados de la directiva: «*De un extremo a otro, Bizkaya se pone en pie. Miles de hombres se movilizan con el pico o con la pala y se aprestan a empañar el fusil ¡Ese es el camino!*».

Además de su autoridad sobre las células del propio partido, los comunistas intentaron dinamizar otras organizaciones sociales situadas en torno al Frente Popular, donde, si al menos no eran mayoritarios, sí eran particularmente activos: «*El Frente Popular de Bilbao (…) llama a todos los hombres útiles aptos para empuñar el fusil o la pala, a fin de que inmediatamente se movilicen (…)*». Así, frente a lo ocurrido en los meses anteriores, ahora se veía la figura del trabajador de las fortificaciones como un ejemplo a seguir, calurosamente respaldado por la pluma propagandística, pudiendo leerse a mediados de abril de 1937 la siguiente semblanza:

> Hay, además un nuevo tipo de héroe, y ya el lector se habrá supuesto que aludimos al zapador. Anónimamente, sin vivir la emoción de los albures triunfales, este trabajador infatigable, convertido en soldado de la República, clava en la tierra, bajo un frenesí de silbidos de muerte, el pico y la pala, a cuyo esfuerzo se deberá el ahorro de muchas vidas perennes, a cuya tenacidad y perseverancia habrá que agradecer la defensa de muchas posiciones. (…) No hay para los zapadores jornadas establecidas de trabajo, ni el zapador, trabajador al fin, las admitiría. Las horas no cuentan. Sólo vale el trabajo fecundo, a pecho descubierto, bajo la bomba del trimotor y bajo la metralla enemiga. (…) ¡Salud, trabajadores! ¡Salud, brigadieres de choque!

Viajeros de un camión se refugian en una pendiente del terreno durante un ataque aéreo. Al fondo, en la carretera, permanece solitario el vehículo (Museo Memorial del Cinturón de Hierro).

No todas las opiniones autorizadas concordaban con esta idea. Para el teniente coronel Montaud:

> Se pretende llegar al apogeo de las fortificaciones, pero también se incurre, sin querer o queriendo, en un craso error: se crea la figura pintoresca del «brigadier», es decir, se personifica al zapador singular en lugar de crear en el ánimo del combatiente la idea de la necesidad de fortificarse por sí mismo y se acentúa, naturalmente, la petición constante de zapadores, hecha desde el frente.

Por otra parte, y a fin de intentar demostrar que la mejor defensa aérea era la construcción de refugios y la utilización inteligente de los mismos, los comunistas buscaron apoyo en sus correligionarios que, desde puestos de responsabilidad y propia experiencia de guerra, pudieran avalar las tesis del Partido. Uno de ellos fue Manuel Eguidazu, comandante del Batallón 10 Perezagua e ingeniero civil quien, a través de una entrevista en *Euzkadi Roja* y bajo la

Página siguiente, abajo.
La carencia de armas antiaéreas llevó a los defensores a tener que utilizar ametralladoras ligeras para hacer frente a la amenaza aérea (Erri).

El comandante Vicente Lizarraga –a la izquierda– junto al teniente coronel Ortega –en el centro– y su ayudante el capitán David Álvarez, mandos todos de las Milicias Vascas Anifascistas, en una imagen tomada en las cercanías del Hospital Clínico de Madrid, en el invierno de 1936 a 1937. En su opinión, frente a la aviación solo era eficaz fortificarse (Mundo Gráfico).

aseveración de *«prefiero un buen refugio a cuarenta aviones»*, expresó de manera vehemente que:

> Yo me río de le ignorancia supina que demuestran esos que dicen que mientras no tengamos el doble número de aviones que ellos será preciso derrochar heroísmo para poder defendernos. (…) está bien equivocado el que cree que con aviones por nuestra parte pueden cortarse de raíz los bombardeos. (…) Mientras bombardean los aviones o la artillería, el enemigo no puede atacar la posición. Entonces los soldados, dejando un guardia de vigilancia en la trinchera, se cobijan en el refugio. Cuando el bombardeo ha cesado, entonces es cuando el enemigo ataca, y entonces es también cuando se encuentra con los nuestros, colocados nuevamente en posición, que los barren.

Estas declaraciones, si bien podrían impactar en el ánimo de las gentes de retaguardia, no eran tan convincentes para los gudaris y milicianos que a diario combatían a los nacionales, ni siquiera para los alistados en los batallones comunistas. Los consejos de su jefe, aunque posiblemente útiles para mejorar la situación de la tropa sometida a bombardeos y sucesivos ataques de infantería, no lo serían para sembrar en ellos la confianza absoluta, por el mero hecho de que diariamente veían morir a sus compañeros a consecuencia de las bombas y proyectiles, a pesar de todas las precauciones tomadas en cuanto a refugio se refieren.

No obstante, esta labor propagandística no se quedaba en una mera declaración de principios, sino que regularmente eran llamados a colaborar otros correligionarios que avalaran la idea anterior. Tal fue el caso del comandante de las Milicias Vascas Antifascistas de Madrid, Vicente Lizarraga, veterano de los combates de la Ciudad Universitaria, llegado a Euzkadi a mediados de abril de 1937 para tomar el mando de una unidad de nueva creación, quien en una entrevista sintetizó que *«contra la aviación: Fortificaciones construidas por brigadas militarizadas»*. Lizarraga, expresaba que:

Una aviación puede dificultar, pero nunca llegar a hacer imposibles los bombardeos de la contraria. Lo que pasa es que la aviación, cuando no se está acostumbrado, desmoraliza, pero enseguida se acostumbra uno; sobre todo nuestros valientes soldados. Pero, de todas formas, son muy escasas, escasísimas, las bajas que la aviación produce con sus bombardeos en las posiciones. (…) En los frentes madrileños es frase corriente esta: «Es más fácil que te caiga un rayo en una tormenta que una bomba en un bombardeo aéreo». Claro está que para que sea así se precisan buenas fortificaciones, con todos los refugios necesarios.

Grupo de pilotos de una escuadrilla en Vizcaya homenajean a uno de sus compañeros. El capitán Felipe del Río, as de la aviación vasca –a la izquierda, con casco y gafas de vuelo– sería derribado el 22 de abril de 1937 a manos de la Legión Condor (Memoria de la Guerra de Euzkadi).

Del final de esta entrevista se desprende que no siempre el trabajo de fortificar era del gusto de los movilizados, o, mejor dicho, que algunos movilizados no trabajaban con el apego solicitado:

Hay que militarizar inmediatamente las brigadas que trabajan en la fortificación. En Madrid, (…) Se llegaban a plantear "reivindicaciones de trabajo" para los que trabajaban en la fortificación. Pronto se vio que se trataba de un juego de agentes provocadores seguidos por unos cuantos inconscientes. Los agentes provocadores fueron fusilados y sus adeptos enviados a la primera línea de fuego, para que se fuesen dando cuenta de lo que es darlo todo por la causa, sin ninguna clase de reivindicaciones.

Y es que el problema de las quejas y el descontento ya comenzaba a aflorar, no sabemos en qué medida, en el frente vasco, en tanto que se dieron serias advertencias escritas en el siguiente sentido:

Los trabajos de fortificación son más útiles cuanto más rápidamente se les dé fin. Los héroes del trabajo que en ellos se ocupan, no reparan, ni pueden reparar, en peligros, jornadas ni penalidades. Si surge un canalla provocador que se lamenta de alguna incomodidad, será menospreciado por todos y severísimamente castigado. Nunca el trabajo dignificó tanto al hombre como ahora a los esforzados paladines proletarios de Euzkadi.

A favor de esta postura se manifestó el comandante de Ingenieros Salvador Gómez Bullón, de cuyas declaraciones la prensa comunista resaltó en letras de molde el siguiente párrafo:

En los trabajos de fortificación, no puede haber dificultades de jornada, ni de alimentación, ni de peligros, ni de incomodidades de ninguna especie. La Patria lo exige así y con su servicio nos honramos todos, más que nadie esos ejemplares brigadieres que entremezclan el sudor nobilísimo de su esfuerzo con la sangre generosa del gudari.

Transcurridas tres semanas desde el inicio de la ofensiva, el Ejército atacante aún permanecía relativamente alejado de su objetivo, Bilbao. No obstante, su fuerza aérea seguía siendo la punta de lanza del avance. Mientras tanto, Vizcaya seguía sin recibir aviones del Gobierno republicano, a pesar de las reiteradas reclamaciones, en tanto que los comunistas seguían defendiendo que se podía plantear la resistencia sin estos elementos, a la espera de que, de un momento a otro, llegasen. Así, el 21 de abril de 1937, bajo el título *Se puede luchar contra la aviación*, el diario *Euzkadi Roja* volvía a la carga con el socorrido argumento:

Saben los soldados del pueblo que es muy difícil que la aviación haga carne permaneciendo parapetados en las trincheras. Lo ocurrido ayer es la mejor demostración de ello. Cayeron bombas a granel; en vuelo rasante han sido ametralladas nuestras líneas. Sin embargo, las bajas han sido casi nulas. Una vez más hemos podido comprobar lo difícil que resulta a los aviadores mercenarios colocar su mortífera metralla en las trincheras.

En muchas ocasiones, el recurso de la infantería vasca fue hacer frente a los aviones atacantes concentrando el fuego de decenas de fusiles a la vez sobre un mismo aparato que volase bajo, lo que a veces tuvo éxito (Museo Memorial del Cinturón de Hierro).

Al siguiente día, 22 de abril, fallecía en combate aéreo contra aparatos de la Legión Cóndor el piloto capitán Felipe del Río, as de la aviación vasca, quedando según algunas fuentes de época, tan solo dos «Chatos» operativos en el aeródromo de Lamiaco. Esta situación hizo que la

CONSIGNAS PARA LA FORTIFICACIÓN
(DIARIO EUZKADI ROJA, ABRIL Y MAYO DE 1937)

• Fortificar es defender la patria. Los obreros que trabajan en ello son sus hijos distinguidos.

• Ni un hombre que con el fusil o la herramienta no sirva directamente a la guerra. Ni una mujer que no se disponga a cubrir el puesto de los hombres en la retaguardia.

• Brigadieres de la fortificación: El pico y la pala son tan eficaces como el fusil.

• Una sola consigna en Vanguardia y Retaguardia, una sola entre soldados y brigadieres de la fortificación, una para hombres y mujeres: ¡Vencer!, ¡Vencer!, ¡Aplastar al fascismo invasor que quiere arrasarnos!

• Brigadier de la fortificación: De tu trabajo depende tu vida y la de los tuyos. Si alguien se te acerca diciéndote que comes mal, que te fatigas mucho y que debes protestar, denúncialo. Es tu enemigo. Y el enemigo de los tuyos.

• A la hora de la sublime prueba, la fortificación paga con creces el esfuerzo que costó hacerla. ¡Ciudadano! ¡Trabaja en la fortificación!

• Al ímpetu heroico de las bayonetas ha de acompañar la noble laboriosidad de los picos.

• En la ciudad no es ocasión de levantar casas. En el frente es el momento de construir fortificaciones. ¡Todos los obreros constructores, brigadieres de fortificación!

• Contra la aviación: Refugios y aviación. Aviación nos ha de venir. Construyamos sin descanso los refugios y las fortificaciones.

• Nuestro pueblo no debe estar sobresaltado, sino vigorosamente preparado, fortificando los frentes con refugios para nuestros gudaris, construyendo cuantas líneas se precisen, y atacando con impulso organizado, sobre la base de un gran Ejército regular.

• La guerra está ganada en toda la Península. Aquí, en Euzkadi, nos basta con que no nos la ganen. Para ello hay que resistir. Y para resistir, fortificar.

• ¡Adelante! ¡Viva el Primero de Mayo!
Por la constitución de numerosas brigadas de fortificaciones debidamente organizadas.
Por la construcción de numerosas e inexpugnables fortificaciones.

• Para resistir y para vencer: Un Ejército regular con moral, con disciplina y con fe en la victoria. Cada palmo de terreno, una fortificación.

• Ni un solo ciudadano honrado debe dejar de aportar su trabajo voluntario a la fortificación. Cuando el enemigo avanza, ni sábados ingleses ni domingos pueden existir.

• Hagamos de cada posición una fortaleza contra la que se enfrenten los enemigos de la democracia y de la que partan nuestros "gudaris" hacia la reconquista.

• Cada metro de trinchera garantiza la vida de dos gudaris y representa la muerte de muchos enemigos.

• Así se salva la Patria en peligro: Fortificando se refuerza y aumenta la potencia defensiva y ofensiva del Ejército antifascista vasco.

Brigadieres de fortificación:

En la cúspide de tu trabajo que abrirá el abismo en que ha de hundírse el invasor, clava con furia tu bandera del progreso envuelta en el glorioso sudor del sacrificio desinteresado y decisivo de tu esfuerzo.

UN FUSIL NO VALE NADA SI NO HAY UN PICO JUNTO A EL

TENIENTE CORONEL
ORTEGA

Esta consigna, rotulada sobre la fachada de un barracón de campaña y rubricada por el teniente coronel Ortega, recordaba la importancia de fortificar bien las posiciones a defender. Ciertamente, nadie cuestionaba la necesidad de fortificarse, pero sin convencerse de que sólo con eso, y sin aviación, fuese suficiente para la defensa (F. Marín, Kutxateka).

población de Bilbao se sintiese profundamente desprotegida y llevó a Aguirre a afirmar que «*el pueblo no comprende la orfandad aérea*». Días después, el 27 de abril, cuando aún humeaban las ruinas de Gernika, bombardeada la víspera por la Legión Cóndor y la Aviación Legionaria, el dirigente comunista Jesús Larrañaga dio un largo discurso por Radio Bilbao, incidiendo nuevamente en que era posible la defensa pasiva frente a la aviación:

> Hay gentes, unas inconscientes, otras conscientes, que han dado en decir que frente a tales pertrechos de guerra no hay posibilidad de resistencia. (…) Contra la aviación se puede luchar, se puede luchar contra la masa de artillería también, pero para ello es preciso fortificar, fortificar y fortificar (…) El pueblo vasco, sus milicianos, han dado sobradas pruebas de que pueden y saben luchar contra la aviación. El clamor de nuestros soldados hoy se manifiesta no solamente pidiendo aviones, que los tendrán, sino que se manifiesta, también, pidiendo fortificaciones. (…) Al llamamiento de las organizaciones antifascistas de Euzkadi han acudido millares y millares de trabajadores, que están removiendo las entrañas de nuestros montes y de nuestros valles.

No cabe duda de que Larrañaga deseaba disponer de aviones para la defensa, aunque se veía en la obligación de plegarse a la disciplina de su partido, el cual, a través de su influencia en el Ejército Popular republicano, intentaba determinar el lugar de destino de la ayuda soviética. No en vano, el jefe de la Aviación republicana, el general Ignacio Hidalgo de Cisneros, era miembro del propio Partido Comunista. Otro comunista, el jefe de Estado-Mayor del Ejército del Norte, capitán Ciutat, reflexionaría así:

Desde el punto de vista militar, el norte republicano ofrecía al enemigo la gran ventaja de su indefensión aérea, dado lo escaso de su profundidad, la escasez de terrenos adecuados para construir aeródromos (…) Los puestos de observación y aviso del norte apenas sí podían advertir la llegada de los bombarderos enemigos con unos pocos minutos, que no bastaban para que los escasos aviones propios despegaran, tomaran altura y se dispusieran a combatir.

Por su parte, los dirigentes vascos comenzaban a sentirse conscientemente dejados a su suerte en lo que a cobertura aérea se refiere. La gota que colmó el vaso y provocó la mayor indignación fue el eslogan que, encabezando un editorial de la revista comunista *Erri*, decía textualmente que «*una compañía de zapadores vale tanto como un avión*». En palabras de Montaud:

La fatiga es visible en el rostro de este zapador que cava a pesar de la lluvia (Erri).

Se establece la maravillosa teoría de las equivalencias. (…) No se puede o no conviene todavía traer una aviación [propia] lógicamente necesaria para contrarrestar a la aviación [contraria] y aparece el humorístico principio de los sustitutivos. Y surge la expresión genial de que «una compañía de zapadores vale por un avión». Ahora se pretende deificar la fortificación; ya no es la mejor defensa el ataque, ahora lo mejor es hacer agujeros donde abrigarse contra la ofensa aérea y donde caer prisioneros en masa, como en Ochandiano.

A este respecto, el lehendakari Aguirre expresaría meses después, con notable malestar, que:

Euzkadi cayó porque fue absolutamente abandonada por quienes debían haberla ayudado. ¿Que el Gobierno de la República no podía hacer más? Yo respondo diciendo que sí, si hubiese sido un Gobierno de un Estado organizado. (…) Por falta de aviación, casi exclusivamente, cayó Bilbao. (…) Decir, como se llegó a decir, por ciertos elementos, que diez zapadores valían por un avión, daba lugar a aquellas respuestas jocosas que nuestros soldados daban cuando decían: «Ahí mandamos diez aviones», refiriéndose a cien zapadores.

Y es que, si bien diversos aspectos fueron determinantes a la larga para la pérdida de Bilbao, todos los analistas han coincidido en que la carencia de aviones sufrida por los gubernamentales fue una desventaja capital. A este respecto, alguien tan profundamente comunista y disciplinado –lo cual paradójicamente no le libraría de ser fusilado por orden de Stalin– como el periodista ucraniano Mijaíl Koltsov, escribiría para *Pravda* desde Bilbao, el 3 de junio de 1937, corroborando que solo con fortificar no bastaba para defenderse de la aviación atacante:

> Aquí, en el frente del norte, la que combate es la aviación. Con la particularidad de que se trata únicamente de la aviación fascista. La republicana casi no existe. Lo que vemos y vivimos aquí ahora no puede servir de prototipo de las futuras guerras. Si se representara todo ello en un cuadro, al pie habría que escribir: ¡Ay del país que no puede defenderse por el aire!

EL CINTURÓN DE LA MUERTE

A finales del mes de abril, el Gobierno vasco, durante su última reunión, decidió la construcción de un cinturón inmediato a Bilbao, fortificando los montes que abrazan los barrios periféricos de la propia urbe. Este nuevo cinturón, quedaría inscrito dentro del anterior, a modo de segunda línea o anillo. Aunque la terminología de época a veces presenta ambigüedades y da lugar a confusiones, podríamos decir que el Cinturón Defensivo de Bilbao

La ciudad de Bilbao vista desde Artxanda. Por aquí pasaría la línea defensiva inmediata a la ciudad o Cinturón de la Muerte, inscrito dentro del Cinturón de Hierro (Col. Lucas Molina Franco).

o Cinturón de Hierro sería la línea defensiva próxima a Bilbao y que esta nueva construcción, posteriormente bautizada como Cinturón de la Muerte, sería la línea defensiva inmediata a la ciudad.

Posiblemente por insistencia de los comunistas, que querían demostrar su capacidad organizativa y movilizadora en el campo de las fortificaciones, el Gobierno decidió que el Departamento de Obras Públicas se encargase de esta nueva obra y no el de Defensa.

MUJERES:

Unas prestan sus energías empleando el pico y la pala en las fortificaciones

Sé tú, MUJER, la que con tus donativos, bien en metálico o en prendas, contribuyas para que estas compañeras de nada carezcan

COMITÉ DE MUJERES ANTIFASCISTAS   Astarloa, 7, BILBAO

Cartel solicitando la colaboración de las mujeres con sus compañeras que realizaban labores de fortificación (Ministerio de Cultura).

El presidente Aguirre, que quería mantener el control de todos los esfuerzos de guerra, escribió el 29 de abril al consejero comunista Juan Astigarrabia, informándole de la designación del ingeniero Carmelo Monzón *«para que, en unión de otros técnicos, formule el correspondiente proyecto, que habrá de ser realizado con toda urgencia»*[31]. Aguirre también aclaraba a Astigarrabia que:

> Queda entendido que los trabajos de fortificaciones que realice el Departamento de Obras Públicas constituyen una parte más del plan general de fortificaciones, a cuyo efecto se pondrán inmediatamente de acuerdo los técnicos que lo elaboren con la Sección de Ingenieros del Estado Mayor, concretamente con el Subjefe y Comandante Sr. Bullón y con el Jefe del llamado «Cinturón de Bilbao», Sr. Aguirre, para la debida relación y coordinación de esfuerzos.

Recibido el encargo, el Departamento de Obras Públicas se puso manos a la obra, buscando el personal imprescindible para poder iniciar la construcción. Para ello, realizó llamamientos masivos entre la militancia comunista y sus simpatizantes, solicitó la colaboración de las formaciones políticas y sindi-

Empleados del departamento de Obras Públicas perfeccionando su instrucción militar (Erri).

31.- AHE, Fondo Gobierno vasco Presidencia, Secretaría General, 46.2 (28), 383.5, 46

cales adscritas al Frente Popular, y movilizó a los trabajadores de la propia consejería priorizando los trabajos de fortificación frente a otras tareas.

Bajo el título *Bilbao organiza su defensa*, el diario *Euzkadi Roja* explicaba así a sus seguidores la necesidad de construir la nueva línea fortificada:

[En Bilbao] Contamos ya con el famoso cinturón, más o menos perfecto, que lo defenderá a varios kilómetros del casco de la población. Pero Bilbao, Euzkadi, está decidida a defenderse hasta el último extremo, y si preciso fuera, que no lo creemos, a luchar hasta morir. Por eso, atravesando las barriadas extremas de la población, se ha iniciado la construcción de un sistema de fortificaciones. (…) Ni un solo ciudadano debe dejar de hincar el pico en el nuevo «cinturón». Hombres y mujeres, en pie por la defensa de Bilbao. No importa que el enemigo no haya llegado todavía a sus puertas. Quizá no llegue ya nunca. Pero la defensa de Bilbao, bajo la dirección de Obras Públicas, se ha iniciado ya. Y todos, en tanto que defensores de la libertad, debemos aportar nuestro esfuerzo.

Cabe recordar que, por esas fechas, el Cinturón Defensivo de Bilbao, lejos de ser más o menos perfecto, aún presentaba muchos puntos débiles y zonas sin fortificar, lo que, como hemos visto, preocupaba a Montaud, quien veía cómo se destinaban recursos a otros planes de fortificación en vez de a perfeccionar y terminar la que él consideraba línea de defensa más importante. No obstante, y, como más adelante veremos, este nuevo cinturón apenas restó grandes recursos a las obras precedentes, por nutrirse en su mayoría de voluntariado civil en horas de descanso y de herramientas de zapa procedentes del ámbito privado en numerosos casos.

Durante el mes de mayo de 1937 se realizó una intensa campaña en la que fortificar era una cuestión de dignidad ciudadana (Erri).

Desde la prensa comunista se apeló al multipartidista Frente Popular, y este, a su vez, a las personas a él afines, para sacar adelante el proyecto: «*Los Frentes Populares, si quieren estar a la cabeza de la victoria, han de mostrarse prácticamente en vanguardia de la fortificación*». En esta tesitura, El Frente Popular de Vizcaya, en un llamamiento general con carácter de arenga, donde solicitaba dedicar al menos los domingos a la fortificación, clamaba:

Bilbao, el Bilbao proletario, la Villa invicta que anteayer conmemoramos seguirá la tradición que la hizo famosa organizando su heroísmo para contener al invasor. El momento es de picos y palas. Va a ser una cuestión de honor, un simple problema de vergüenza y de dignidad ciudadana el aportar la colaboración a las grandes obras de fortificación que nuestra Villa precisa.

Así mismo, se afeaba la conducta de aquellas personas que por pereza o por falta de empatía rehuían tomar parte en los trabajos de fortificación: «*No hay disculpa posible; que nadie se disculpe pensando que ha hecho su jornada normal. Bilbao requiere el sacrificio de todos. (...) después de la jornada todavía quedan dieciséis horas, de las que aún puede aprovecharse alguna a las obras de fortificación*».

Una de las primeras organizaciones en dar un paso al frente fue el Sindicato Metalúrgico de Guipúzcoa. En palabras de su secretario general, Juan Alonso, «*Fortificar es el lema que tenemos que grabar en nosotros. Los días de descanso ya no existen para los metalúrgicos. En el taller, a trabajar sin interrupción todos los días para la guerra; y quien no trabaje en domingo, a fortificar al servicio del Gobierno*».

Este ejemplo fue seguido por todos los comités de barrio del Frente Popular de Bilbao. Semana tras semana, esta organización arengaba a sus seguidores para que, quienes aún no lo hubieran

Ramón Ormazabal, director del diario comunista *Euzkadi Roja*. Su visión crítica hacia la gestión de Aguirre y su obediencia al Partido se reflejaron en las columnas del rotativo. Capturado en Alicante en abril de 1939 e internado en el campo de concentración de Albatera, consiguió evadirse y ponerse a salvo en Francia (Euzkadi Roja).

Una columna de trabajadores de las fortificaciones desfila por la Gran Vía de Bilbao, frente al palacio de la Diputación Foral de Vizcaya (Erri).

hecho, pasasen a formar parte de las brigadas de fortificación y sacrificasen su día semanal de descanso en pos de la defensa de Bilbao:

Habiendo acordado el Gobierno de Euzkadi la fortificación de los montes que rodean Bilbao, en previsión de toda contingencia de ataque fascista, este Comité hace un llamamiento a todos los antifascistas de la barriada para que inmediatamente se pasen por esta oficina para alistarse en las brigadas de voluntarios, donde se les dará toda clase de instrucciones. Bien entendido que a aquel que no se aliste se le considerará como elemento fascista y de tal forma se procederá con él.

A pesar de todo, la amenaza final de los comités de barrio carecía de autoridad que la respaldase. Por otra parte, la falta de herramientas hizo que los organizadores recurrieran a la generosidad de su militancia haciendo «un llamamiento para que todos aquéllos que posean picos, palas, hachas, etc., los entreguen con toda urgencia. Con el que así no lo haga, se procederá como las circunstancias lo exigen». Todo indica que algunos propietarios no quisieron desprenderse de estos utensilios, por lo que finalmente se decidió pagarles por ellos: «La pala, el pico, la azada y el hacha inactivos son también emboscados. ¡Entregad inmediatamente esas armas! Se pagará su valor en el momento de la entrega».

Ante los llamamientos al trabajo voluntario para fortificaciones, cada vez más organizaciones fueron sumándose a la iniciativa. Una de las primeras fue el Comité de Mujeres contra la Guerra y el Fascismo, el cual:

Ante la gravedad del momento (…) dirige un llamamiento a las mujeres inscritas en el Hogar de la Mujer Moderna y organizaciones políticas para prestar servicios de retaguardia, para que pasen por nuestro domicilio social (…) para formar las brigadas femeninas de fortificaciones. Cada brigada debe componerse de veinticinco compañeras y una responsable por cada brigada, que deben estar preparadas para el momento que se las llame. ¡Compañera! ¡No vaciles en inscribirte! No esperes a que lo hagan otros

Página anterior, abajo.
Grupo de hombres fuera de edad militar, mujeres e incluso niños se disponen a partir hacia Artxanda y Santo Domingo a bordo de un camión, para fortificar, aprovechando las horas libres de un domingo de mayo de 1937 (Erri).

que hasta ahora no lo hicieron. Comprende que vas a construir la defensa de tus hijos, la tuya propia.

Así mismo, más allá de las formaciones del Frente Popular, otras centrales sindicales, como la nacionalista Solidaridad de Trabajadores Vascos o la anarquista Confederación Nacional del Trabajo, respaldaron la movilización general en pro del esfuerzo fortificador:

Activa jornada dominical cavando trincheras en las alturas inmediatas a Bilbao. La dirección de los trabajos correspondió al ingeniero Carmelo Monzón por designación presidencial, si bien el comandante del Batallón 10 Perezagua, Manuel Eguidazu, tomó parte en la misma (Erri).

> A los efectos de constituir los Batallones de Fortificaciones necesarios, las Centrales Obreras exhortamos a nuestros afiliados y simpatizantes de todos los pueblos (especialmente los evacuados) y de la capital, comprendidos entre la edad de dieciocho a cincuenta años y que no trabajen en factorías de guerra, a que se inscriban en nuestras oficinas a la mayor brevedad. (…) Los Comités centrales de la U.G.T., S.T.V. y C.N.T..

Trascurrida la primera semana de mayo, la prensa frentepopulista celebraba que «¡*La fortificación ha dejado de ser una mera consigna para transformarse en una realidad!*», pero no cejaba en su campaña, tal como justificaba el rotativo comunista:

> Se trabaja en fortificaciones, se trabaja activamente, y esto es bueno. «Euzkadi Roja», sin embargo, no cede en el tema e insiste, machaconamente. Para nosotros, el problema es de suma importancia, de tanta –va en ello la vida de muchos soldados vascos– que siempre nos parece que se puede hacer más. Por eso, cuando nosotros sabemos que es ésta una cuestión que preocupa en plano preponderante a nuestras autoridades, cuando nosotros sabemos el desmedido interés que en ello pone el Presidente de los vascos, el lagun [camarada] Aguirre, Euzkadi Roja quiere ayudar con su modesta aportación a todos. (…) De aquí nuestra insistencia, fortificaciones, fortificaciones. Emulación en este trabajo. Quien más rinda en él es el antifascista más consciente, el brigadier más honrado, el mejor ciudadano vasco.

Esta respetuosa mención a Aguirre posiblemente formara parte de la línea marcada por el secretario general y consejero Astigarrabia, más que por iniciativa del director del diario comunista, Ramón Ormazabal, persona ideológicamente opuesta a hacer «seguidismo político» al lehendakari vasco.

En el mismo sentido, la prensa insistía en que:

> Bilbao sigue en peligro, y este peligro no se aleja con palabras optimistas, aun cuando, como hoy, haya para él motivo, sino a través de una gran movilización que ponga en pie de guerra a toda la población capaz de combatir o de fortificar. (…) Urgen, pues, medidas extremas. Rápida movilización de todos los hombres capaces de empuñar el fusil. Movilización inmediata de todos los que puedan manejar un pico o una pala. Movilización, en una palabra, de todos los que puedan defender Bilbao amenazado.

Así, bajo el eslogan «*Fortificar es vencer*», se daba una nueva vuelta de tuerca a la movilización popular y se insistía en las consecuencias, casi milagrosas, de tener unas buenas fortificaciones, relegando la falta de aviación propia a un plano secundario:

El consejero de Obras Públicas, Juan Astigarrabia, durante una visita a las obras del Cinturón de la Muerte, asignadas a su departamento. Astigarrabia llegó a tomar parte en los trabajos de fortificación, lo que elevó la moral de los obreros voluntarios (Erri).

> En las fortificaciones descansa una gran parte, quizá la más fundamental, de nuestra victoria. Cada pregunta que hacemos acerca de si tenemos aviación, significa una distracción criminal en el trabajo que nos vemos precisados a realizar para sustituir a los elementos de que no disponemos. Hay que contar con lo que

LA PRIMERA JORNADA ORGÁNICA DE LOS BRIGADIERES DE LA FORTIFICACIÓN
(DIARIO EUZKADI ROJA, 11 DE MAYO DE 1937)

ORGANIZANDO LA LUCHA. Un día y otro venimos consagrando suprema atención al papel decisivo que en esta guerra juegan las fortificaciones y los atrincheramientos. Nos alegró que el Frente Popular, coincidiendo en una iniciativa aquí desarrollada, hiciese un llamamiento a todos los hombres útiles de la retaguardia para que dedicasen sus horas y sus días libres al trabajo de fortificación. (…)

VOLUNTARIOS PARA LA FORTIFICACIÓN. (…) Millares de trabajadores horadaron el domingo los peldaños de la capital, trabajando ardorosamente en la apertura de zanjas, galerías, trincheras, nidos y toda suerte de fortificaciones de tipo defensivo y ofensivo en previsión de que hubiera necesidad de emplearlos. Grupos de obreros y antifascistas, rebosantes de entusiasme, robando horas al sueño y al descanso, salieron muy de mañana de la capital para los lugares a que se les había destinado, dando con ello una prueba de su antifascismo práctico y poniendo una nota de alegría y de elevada moral en el ambiente ciudadano. (…)

LA JORNADA. (…) Hasta la una de la tarde se brega incansablemente, en una pugna generosa por alcanzar el máximo de rendimiento. Y cuando el primer turno agoniza, a la una del mediodía nuevos trabajadores se aprestan a continuar y mejorar el resultado de la jornada mañanera. Hasta las seis de la tarde, los brigadieres de la fortificación no han interrumpido su trabajo al servicio de la causa de la Libertad. (…)

MÁS INSTRUMENTOS DE TRABAJO. En nuestra visita a los trabajos de fortificación pudimos observar que cerca de dos millares de voluntarios, entre ellos muchas mujeres, no pudieron ocuparse debido a la falta de herramental. (…) Se deben tomar todas las previsiones para que no falten herramientas de trabajo. (…) Urgentemente, más palas y picos. El pueblo quiere participar activamente en la defensa de Euzkadi. (…)

LA CANCION DEL TRIUNFO. Terminada la faena dominguera, (…) Centenares de voluntarios desfilaron ya anochecido por las calles de la capital, disolviéndose en la Plaza Elíptica con gritos de: Viva el Gobierno, Viva el Frente Popular y Abajo el fascismo. El ensayo del domingo demostró la gran capacidad de nuestro pueblo, las enormes energías y la inagotable vitalidad de los antifascistas de Euzkadi. La fortificación no puede sujetar su ritmo, sin embargo, a esfuerzos intermitentes. (…) Hay que conseguir, por tanto, el escalonamiento y la concatenación de la actividad al objeto de que ésta no sufra ninguna interrupción. De esta forma, sobre la base de la preparación, la ejecución del trabajo permitirá resultados rápidos y eficaces. (…)

Un grupo de trabajo, en el que predominan las mujeres, se toma un descanso para el almuerzo. Ellas, al igual que los soldados, se sirven en su plato de aluminio (Erri).

tenemos. Tenemos palas y picos, y hay que emplearlos sin perder un minuto. Las fortificaciones nos salvarán (…). Hombres y mujeres, todos, absolutamente todos, tienen que luchar en este frente. Todo el pueblo, a las fortificaciones (…) a trabajar sin discutir las horas, sin discutir las jornadas. No hay más ley que la guerra, ni más objetivo que la victoria.

Finalmente, constituidas las brigadas de voluntarios para fortificar en domingo, llegó su turno para tomar parte en la ejecución de las obras planificadas. Los trabajos se centraron en los términos de Santo Domingo y Artxanda, lugares de acceso a Bilbao desde el Este, en consonancia con la dirección que parecía seguir el avance del Ejército franquista. La primera convocatoria y jornada fue el 9 de mayo. La prensa se hizo eco de ello con un extenso artículo, que resumido en el titular «*El voluntariado de la retaguardia realizó el domingo intensísimo trabajo en la defensa de la capital*», iba acompañado de observaciones tales como: «*¡Primer domingo de trabajo voluntario! Han sido centenares los ciudadanos que dedicaron la jornada a remover el suelo de Bilbao. ¡Esto debe ser el pan nuestro de cada día! Tras de la jornada normal, aún queda tiempo para fortificar. Merece destacarse la labor de la mujer. ¡Cuántas veces demuestran en el tajo más brío que los hombres!*».

Aunque en las brigadas de fortificación, antes de su militarización, no se permitía más de un cinco por ciento de menores, en las jornadas dominicales participaron voluntarios de todas las edades, como este muchacho que apura su rancho (Erri).

Estas jornadas de trabajo se mantuvieron durante los domingos siguientes, tal como se reflejó en la prensa. Así, con respecto a la del 16 de mayo, la valoración volvió a ser muy positiva:

La jornada dominguera de los voluntarios de la fortificación constituyó un éxito rotundo, acudiendo a los lugares previamente señalados numerosos camaradas, hombres y mujeres, que trabajaron denodadamente hasta desriñonarse, empuñando las herramientas con verdadero entusiasmo antifascista. (…) abriendo en cada palmo de terreno una fortificación, una zanja, una trinchera, de cuya suma resulte una infranqueable barrera para los «mohamed» y sus aliados, a los que los verdugos han ofrecido ya un día de carta blanca «cuando tomen Bilbao».

La crónica destacaba que a la convocatoria no habían faltado los empleados del Departamento de Obras Públicas y sus ingenieros. Sin embargo, fue la presencia del propio consejero Juan Astigarrabia

La necesidad de dar popularidad a las jornadas dominicales de fortificación también alcanzó al ámbito infantil. En esta portada de la revista *El Pionero*, Popeye y Olivia aprovechan su día de descanso semanal para construir un refugio en galería de mina, empleando un compresor y barrenadora neumática (Ministerio de Cultura).

LOS SUEÑOS DE PEDROCHU

I. No sé por qué los menores de 18 y los mayores de 45 años no han de tener derecho a dar su empujoncito...

II. Y provisto de un hermoso bigote, pegado con Syndetición, Pedrochu fué a enrolarse para fortificaciones, haciéndose pasar por un cuarentón.

III. Y una mañanita salió monte arriba, integrando una brigada de aguerridos zapadores minadores, con su picachón al hombro.

IV. «Zapó» y minó ardorosamente y con tanto ahinco, que su obra más que de fortificación parecía de destrucción del globo terráqueo.

V. Se fué adentrando en la tierra como un topo, abriendo una galería magnífica en dirección a las líneas enemigas.

VI. Hasta que al dar unos enérgicos «picachonazos» se abrió un boquete por el que vió algo que le puso el tupé de punta.

VII. También a él le vieron... Y lo peor fué que le ataron codo con codo y le condujeron a presencia del general Que tipo de Asno.

VIII. El general, honrando su apellido, se «hinchó» de insultarle y le arrancó el bigote de un tirón.

IX. Mandó que le dieran cincuenta palos y él mismo llevó la cuenta para que el ejecutor no se equivocara en menos...

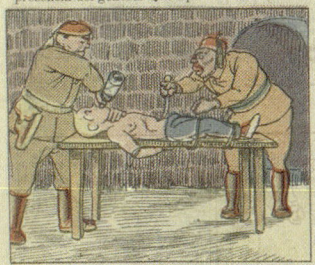

X. Después le tendieron sobre una mesa, le dieron aceite de ricino, le rasparon la tripa con una gumía...

XI. Luego le colgaron cabeza abajo e hicieron los preparativos necesarios para abrirle en canal, como a un cerdo...

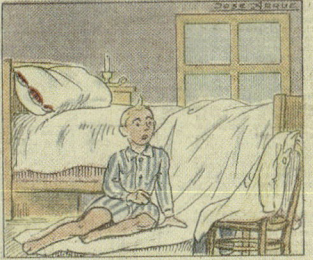

XII. Y no le hicieron más, porque al romperse la cuerda, se cayó de la cama... ¡Si no llego a despertar—pensó—me hasen morsillas!...

El gran pintor bilbaíno José Arrúe también contribuyó con sus viñetas a la propaganda de guerra y al entretenimiento infantil. El personaje Pedrochu, con gran parecido a Tintín, voluntario para la fortificación, es apresado por los hombres del general Queipo de Llano, aunque finalmente todo queda en un mal sueño (El Pionero).

la que se sintió más cercana entre los trabajadores, presentándose como uno más de ellos, imagen que fue inmortalizada por las cámaras fotográficas de los reporteros presentes. Así mismo, el cronista esperaba que el trabajo y el rendimiento de estos voluntarios de la fortificación sirviesen de ejemplo y estímulo a los otros hombres que, ahora militarizados, se ocupaban en las fortificaciones.

Parecido resultado tuvo, una semana más tarde, la siguiente jornada de domingo:

Cerca de 4000 mujeres atendieron al llamamiento de sus organizaciones y se alistaron en las brigadas de fortificación. No solo cavaron trincheras, sino que también participaron en la construcción de elementos defensivos más complejos (Erri).

> Gentes madrugadoras recortan con ágiles siluetas el alba de la jornada dominguera. ¿A dónde van? —A las fortificaciones, a las fortificaciones— nos contestan todos. ¡Trescientas mujeres! Pero no para la jornada dominguera, sino también para la jornada de todos los días. (…) Bajo el sol mañanero, los brazos incansables tejen una canción de honradez vasca. Las brigadas se mueven virilmente, sin tregua ni descanso. Hombres y mujeres, febriles, afanosos, emplean su actividad en hacer útil la tierra. Nadie vacila. Un impulso común tensa los músculos, que parecen vibrar en el ansia de la obra amplia y perfecta.

La propaganda de guerra mostró la ejemplaridad de algunas de aquellas personas que, pese a sus minusvalías, contribuían al esfuerzo defensivo:

> Entre los brigadieres, pone la nota emocionante el ciego que empuña el pico, con los ojos cerrados, con las pupilas vacías. Los ojos no ven, pero el brazo está firme. En otra parte, un manco. Él se las arregla para ennoblecer al pico. En otro sitio, el abuelito octogenario, con el nieto, moviendo la pala y el pico con te-

Abrigo en galería de mina en Artxanda, bajo la ermita de San Roque. Estas obras, pasivas pero eficaces, permitieron a los defensores resistir en las alturas inmediatas a Bilbao (I. Ojanguren, Gure Gipuzkoa).

Página anterior, abajo. Nido de ametralladora en el alto de Santo Domingo, en el cruce con la carretera de Mungia a Bilbao, en cuya construcción tomaron parte hombres y mujeres. Estas fortificaciones fueron muy útiles la semana precedente a la caída de Bilbao, cuando los batallones vascos retrasaron el avance rebelde, dando tiempo a la evacuación de la ciudad (I. Ojanguren, Gure Gipuzkoa).

són. Una jornada superior a la de domingos anteriores. ¿Quién viendo estos casos de heroísmo sublime se queda en casa?

Estos voluntarios, además de realizar las tareas de fortificación, aprovecharon sus salidas o llegadas para desfilar con carteles por las calles Bilbao, manifestándose. Así mismo, a la hora del almuerzo tenían lugar mítines breves, donde se resaltaba la utilidad del trabajo de fortificación. Este despliegue no era necesariamente del gusto de todos los partícipes del bando republicano. Así, el comandante de Artillería Casiano Guerrica-Echevarría, jefe de Parques del Cuerpo de Ejército de Euzkadi expresaría en sus memorias que:

Los comunistas querían demostrar que ellos eran los que más se preocupaban (aunque en vanguardia no eran los más distinguidos), y empezaron a construir otras fortificaciones por Santa Marina que llamaban el cinturón de la muerte, y esto era el pretexto para que los domingos salieran de Bilbao en dirección a Santo Domingo unos cuantos camiones (que hubieran sido más prácticos para la defensa transportando piezas de artillería) que transportaban algunos hombres y muchas mujeres con palas y picos que, si no trabajaban mucho en el monte, en la población, tanto a la ida como a la vuelta, daban espectáculos lamentables con sus gritos y ademanes.

Precisamente, abordando el caso de las numerosas mujeres que, atendiendo al llamamiento de sus organizaciones femeninas, se alistaron en las brigadas de fortificación, estas hubieron de defenderse ante comentarios poco amables con su actitud: «*El tema de las réplicas, invariablemente, es el siguiente: "Ese trabajo es propio de hombres. Las mujeres en la retaguardia, los hombres en la vanguardia"* (...) *Si censuramos las actividades de la mujer en la fortificación sin haber logrado organizar brigadas masculinas de fortificación, habremos caído, sencillamente, en una labor derrotista.* (...) *En tanto, dejadnos trabajar, compañeros, y basta ya de críticas banales*». Del mismo parecer eran los organizadores que las dirigían: «*Se dice que no es necesario acudan a estos trabajos las mujeres en tanto haya hombres; pero nosotros tenemos que decir que, aunque efectivamente es una vergüenza que haya un hombre sin empuñar el pico, la verdad es que, mientras se corrige sobre la marcha, hay necesidad de que uno y otro sexo aporten su colaboración a una obra de beneficio común*».

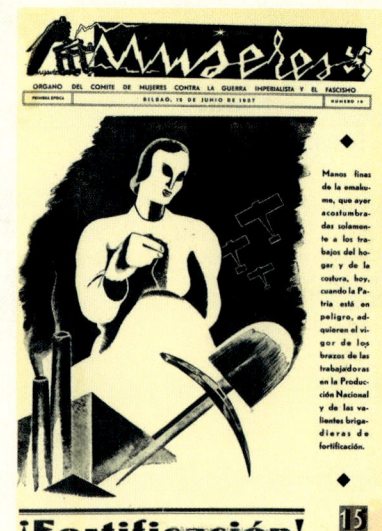

La revista *Mujeres* dedicó algunas de sus portadas a arengar a las mujeres para que tomaran parte en las obras de fortificación (Ministerio de Cultura).

Con la perspectiva del tiempo y a la vista del trabajo que desarrollaron durante aquellas últimas semanas previas a la caída de Bilbao, podemos decir que su aportación fortificadora fue bastante útil, ya que, en aquellas trincheras y casamatas construidas por estas obreras en los montes inmediatos a Bilbao, pudieron resistir los gudaris y milicianos los días posteriores a la rotura del Cinturón Defensivo o Cinturón de Hierro, permitiendo al Gobierno vasco ganar tiempo para la evacuación de la villa antes de su pérdida.

Ante las muestras de rechazo por parte de personas contrarias a que las mujeres realizasen trabajos considerados masculinos, como fortificar, las trabajadoras respondieron con dignidad e implicación (Mujeres).

No es de extrañar que el rechazo e incluso las burlas que estas mujeres recibieron, fuera respondido con vehemencia y desprecio por parte de ellas, como quedó reflejado en una entrevista publicada por la revista *Mujeres*: «*Que sepan todos esos vagos y emboscados que se ríen de nosotras porque llevamos pantalones, que se debieran avergonzar de llevar los suyos puestos, y que pueden ponerse las faldas que nosotras hemos dejado en casa*».

A finales de mayo, a juicio de los organizadores, los recursos destinados a la construcción de la defensa inmediata de Bilbao no resultaban suficientes, a pesar del trabajo que el gran contingente de civiles voluntarios llevaba a cabo los domingos. Ello llevó a seguir pidiendo, con insistencia, más y más personal para los trabajos de pico y pala:

Si fortificar es una necesidad apremiante, el trabajo voluntario no puede ser exclusivo del domingo. ¡Fortificar todos los días! es la consigna del Frente

Popular de Bilbao (…) Los que no estéis enrolados en la producción ni en los servicios de los Departamentos de nuestro Gobierno provisional de Euzkadi; los que en la actualidad no prestéis diariamente un servicio en las organizaciones antifascistas, (…) Es hora ya de que os dispongáis, sin titubeos y sin vacilaciones, al máximo de sacrificio; a enrolaros en las brigadas de fortificaciones para hacer de nuestra capital una fortaleza inexpugnable.

Estas brigadas, que ya habían comenzado a constituirse anteriormente y que, como hemos visto, habían sido militarizadas, eran necesarias para mantener el enorme plan de fortificaciones desplegado en el frente vasco, por lo que su número debía incrementarse. Los llamamientos fueron constantes: «*Ayudemos todos para que el Gobierno pueda acelerar la realización de su plan de fortificaciones*», exhortando a toda la ciudadanía a alistarse en estas formaciones de trabajadores y trabajadoras de la fortificación. A los enrolados, se les indicaba que debían presentarse provistos de una manta, plato y cuchara, para así partir al punto del frente o de la retaguardia en donde prestarían su servicio. Incluso el semanario infantil *El Pionero* retrató a los personajes protagonistas de sus historietas como héroes de la fortificación. Tal fue el caso de Popeye y Olivia, en viñetas a todo color, como el de Pedrochu, versión vasca del popular Tintín y obra del genial pintor bilbaíno José Arrúe.

Indalecio Prieto, líder del socialismo bilbaíno y ministro de Defensa del Gobierno de Negrín, atendió la demanda del lehendakari Aguirre y envió a un nuevo general para que se hiciera cargo específicamente del Ejército vasco (El Liberal).

UN NUEVO GENERAL PARA EUZKADI

A lo largo del mes de mayo de 1937, el panorama de la política española, en lo que al bando gubernamental se refiere, tuvo cambios de importancia. En Valencia se formó un nuevo gobierno el día 17, bajo la jefatura del socialista Juan Negrín, quien hizo Ministro de Defensa al también socialista Indalecio Prieto, todo ello con el apoyo del Partido Comunista.

En esta nueva situación, Prieto decidió atender las demandas de Aguirre. Reorganizó el Ejército del Norte, diferenciando por una parte el cuerpo de Euzkadi y por otra los de Santander y Asturias, que siguieron bajo el mando de Llano de la Encomienda. Para el Ejército vasco, el ministro envió un nuevo general que se hiciera cargo específicamente de él:

Mariano Gámir Ulibarri, quien tomó posesión de su cargo el 29 de mayo de 1937.

La impresión general de Gámir sobre su nuevo destino la expresó públicamente en una declaración para el diario socialista *El Liberal*: «*Sorprende la resistencia llevada a cabo hasta hoy por el ejército vasco en tal inferioridad de condiciones*». Sin embargo, con respecto al Cinturón, meses después escribiría que:

> Bajo el punto de vista táctico, no de construcción, pues en él se había hecho derroche de mano de obra y hormigón, el examen de la obra de fortificación era desconsolador. No se había supeditado el trazado, como es elemental, a la obtención de buenos observatorios y planes de fuegos que hicieran posibles las barreras de los combinados de infantería y artillería en los tiros de detención; ni efectuado organizaciones en los puntos precisos para evitar espacios desenfilados y ángulos muertos donde la infantería asaltante pudiera reorganizarse, a cubierto; ni enmascarado las obras; sino trazado una línea grisácea continua, aprovechando la cresta militar, nunca la contrapendiente en los sitios que le permitiese el enlace entre la infantería y la artillería, perfectamente visible desde los observatorios enemigos (Gámir, 1939).

Gámir, como anteriormente otros observadores, resaltaba que el adversario, desde el monte Bizkargi, dominaba el Cinturón en su saliente de Larrabetzu, a menos de 3000 metros de distancia. Para él, y tal como el propio Alejandro Goicoechea había declarado ya a los nacionales, «*la deserción al enemigo del ingeniero constructor de la obra quizás pudiera explicar estos defectos capitales que trataron de subsanarse rápidamente por Gobierno y pueblo vasco, incluso por mujeres voluntarias, trabajándose febrilmente para corregir defectos, (…). Pero ya era tarde*».

Con el nuevo general vino un oficial de Estado Mayor, el capitán ascendido a mayor (comandante) Ángel Lamas Arroyo, natural de Santander, persona que internamente se sentía totalmente del lado de los sublevados y que sustituyó al comandante Lafuente al frente del Estado Mayor vasco. El comandante Lamas relataría en sus memorias que:

El general Mariano Gámir Ulibarri, tras tomar el mando, elogió la resistencia llevada a cabo en el País Vasco por sus defensores, pero se llevó una mala impresión del Cinturón Defensivo de Bilbao. Al finalizar la guerra fijó su exilio en París (Memoria de la Guerra de Euzkadi).

A finales de mayo de 1937, los sublevados, desde el monte Bizkargi en su poder, dominaban el segmento más débil del Cinturón, distante sólo 3 km. (I. Ojanguren, Gure Gipuzkoa).

A retaguardia quedaba el famoso «Cinturón de Hierro», que tanto se cacareó, con una construcción muy adelantada en algunas partes, retrasadilla en otras y apenas comenzada en ciertos sectores (Lamas, 1972).

En su valoración, Lamas hacía saber que la línea del Cinturón que iba desde Sopelana hasta Artebakarra se encontraba prácticamente completa, con cuatro líneas de alambrada de triple piquete, nidos de ametralladora y abrigos de hormigón, trincheras cubiertas, obras flanqueantes y avanzadas, y organización en profundidad y compartimentación. Por el contrario, el sector de Artebakarra a Gaztelumendi estaba más débilmente organizado, careciendo por completo de profundidad en el centro y teniendo una línea de alambrada menos perfecta y espesa que el anterior sector. En palabras del nuevo Jefe de Estado Mayor:

Ello parece fue obra del Ingeniero señor Goicoechea, que proyectó y dirigió los trabajos del cinturón defensivo de Bilbao, ya que escapó al campo nacional con los planos y dejó –quizá intencionadamente– un gran trozo por fortificar, lo cual, por otra parte, no fue descubierto y comenzado a reparar sino mucho más tarde, cuando ya latía la ofensiva sobre Vizcaya. Y el tardío reparador del «desacierto» fue el teniente coronel Montaud, Jefe de Fortificaciones a la sazón, que también desapareció del teatro del Norte al desintegrarse Vizcaya.

Sin embargo, desde Gaztelumendi a Upo, zona de principales vías férreas y carreteras de acceso a Bilbao, la organización era formidable: defensas en profundidad, compartimentación, múltiples alambradas y blindaje en abundancia. De esta manera, quedaban protegidas las entradas a Larrabetzu, Erletxe y El Gallo, donde sería posible presentar una gran resistencia, si no fuera porque Goicoechea hubo «*dejado aquel boquete, a un flanco, por el cual pudieran ser, como fueron, fácilmente envueltas y anuladas, tan cuidadas y meditadas defensas*».

Lamas también valoró el grado de fortificación de los otros sectores, aunque la posibilidad de ataque a través de ellos fuese mucho más reducida, expresando que al Sur y Suroeste del Upo sólo estaba protegida la zona de accesos desde Vitoria por Igorre y desde Burgos por Orduña. Así mismo, expresó que la línea defensiva que continuaba por el monte Ganekogorta bajando casi hasta Sodupe, se hacía fuerte en el tramo que cortaba el valle del Cadagua y subía hasta el monte Eretza. En cuanto a la cortina de Galdames, esta continuaba en proyecto, posiblemente porque no existía en ese punto una amenaza debido a lo abrupto del terreno. Sin embargo, al llegar a Somorrostro, completando el cierre por Occidente, el grado de fortificación era bueno, con abundancia de nidos de ametralladora, trincheras, refugios y abrigos.

Dos días después de la llegada de Gámir, el 31 de mayo, dos oficiales de Estado Mayor se dirigieron al sector de Gaztelumendi, situado frente al monte Bizkargi, estando este ya definitivamente en manos de los rebeldes. No cabía duda para el mando vasco de que esa sería la zona por donde el adversario, concentrando sus tropas y artillería, se dispondría a atacar el Cinturón.

El comandante Ángel Lamas, nuevo jefe de Estado Mayor de Euzkadi, también tuvo ocasión de visitar y valorar la obra defensiva de Bilbao con ciertas reservas. Lamas, según su propio testimonio, laboró en todo momento para favorecer el triunfo del Ejército franquista, lo que no le libraría de prisión tras ser hecho prisionero en Santoña, aunque sí tal vez del pelotón de ejecución (Memoria de la Guerra de Euzkadi).

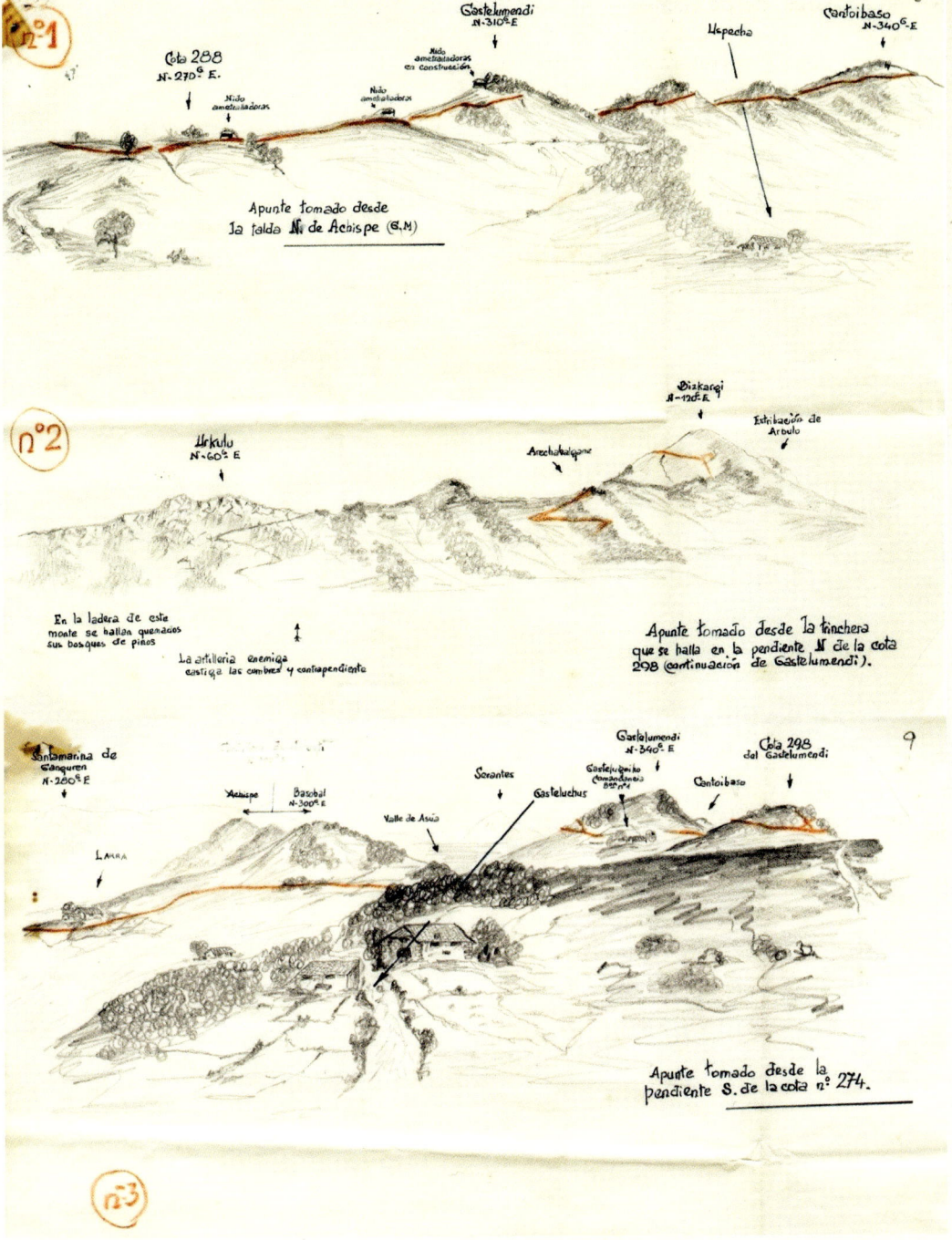

Dibujos de las fortificaciones construidas en el entorno del monte Gaztelumendi, realizados durante una visita de seguimiento de la organización defensiva en junio de 1937 (Archivo General Militar de Ávila).

Los dos oficiales, uno de nombre Marcelo de Barrenechea y otro cuya firma no es legible, inspeccionaron las obras en construcción en el flanco derecho de Gaztelumendi, hacia la aldea llamada Gaztelu, y reportaron sus impresiones al coronel Guivelondo, jefe del Cinturón[32]. Entre las anomalías constructivas detectadas estaban: anchura excesiva de las trincheras; desmoronamiento de algunos tramos; trazado excesivamente visible; y algunas construcciones a base de piedras «que en caso de bombardeo se desplazarían como proyectiles».

Formidable fortín en Barrika, junto a la costa. La robustez de estas construcciones bien terminadas, frente a la debilidad de las obras incompletas del sector de Artebakarra a Gaztelumendi, llamó atención del comandante Lamas (I. Ojanguren. Gure Gipuzkoa).

En la zona se encontraban trabajando dos compañías incompletas del Batallón de Montaña n.º 1 de Euzkadi, «las cuales han perfeccionado algo las trincheras, rectificando sus líneas y construyendo refugios de troncos recubiertos de tierra, capaces para unos seis soldados, y nichos o ratoneras individuales».

La línea de trincheras, partiendo de Gaztelumendi hacia Gaztelu, envolvía el conjunto de cotas vecinas, 288-298-274, bien fortificadas. Una segunda trinchera descendía hacia Zarandoa, para terminar en la carretera de subida a Morga, donde enlazaba con otras dos trincheras: una que subía a Aretxabalgane —entre el Bizkargi y

32.- AGMAV, C.2874, 12 / 19

el Urkulu– y otra que se extendía por la loma de Astoreka –a la izquierda de la carretera de Larrabetzu–, quedando ambas frente al Bizkargi.

No es de extrañar que el Mando vasco se esforzase en mejorar y reforzar este segmento del Cinturón, tratándose de una zona tan amenazada. Sin embargo, sí llama la atención el que más de dos semanas después de que Montaud informase al lehendakari Aguirre de la absoluta falta de fortificaciones en el tramo de 3 km situado entre Urrusti y el flanco izquierdo del Gaztelumendi, esa zona permaneciese aun totalmente indefensa. Evidentemente, en caso de atacar finalmente el Cinturón por la zona de Gaztelumendi, los nacionales elegirían el flanco menos fortificado –el portillo señalado por Goicoechea–, como así fue, aun tratándose de un lugar más accidentado y agreste.

Soldados del Cuerpo de Ejército vasco realizando labores de fortificación. Los batallones de Montaña, durante los meses de mayo y junio de 1937, trabajaron al completo en la obra del Cinturón (Archivo Histórico de Euskadi).

Página anterior, abajo. El hotel Carlton de Bilbao, sede de la Presidencia del Gobierno vasco y donde se encontraban las oficinas del departamento de Defensa (Memoria de la Guerra de Euzkadi).

Si bien hemos visto que con fecha 13 de mayo Montaud ya había reportado la vulnerabilidad de ese punto, Aguirre en su informe redactado tras la pérdida del Norte republicano declararía que *«fue otra gravísima contrariedad la fuga de dos o tres ingenieros encargados de las obras del Cinturón en el sector Urrusti-Gastelumendi, que es precisamente por donde el enemigo atacó. Esta fuga puso en descubierto el retraso intencionado de ciertos trabajos que pudieron ser subsanados sólo en parte. Indudablemente el enemigo atacó el Cinturón por el sitio más débil».* No sabemos hasta qué punto esto puede ser realidad o tratarse de una confusión, más si tenemos en cuenta que los jefes de la obra en el sector de Gamiz eran los técnicos Ortiz de Zárate y Beraza, en contra de los cuales no se ha localizado expediente alguno.

Para el comandante Guerrica-Echevarría, que visitó las obras del Cinturón a comienzos de junio, mientras en puntos menos amenazados, como en el extremo oriental cercano a la costa, se continuó fortificando y llevándose a cabo robustas defensas en profundidad protegidas de espesas alambradas, *«por el lado más próximo al ataque, que era el de Gaztelumendi a Urrusti, había un boquete de 3 km sin una trinchera ni alambrada, que fue por donde después entraron»*. Guerrica-Echevarría, al igual que Aguirre, indica que la existencia de ese tramo sin fortificar fue una sorpresa y que se le intentó poner remedio, ya sin tiempo para ello: *«fue descubierto unos pocos días antes y, cuando atacaron, ya había algo* [de obra defensiva] *hecho, pero muy poco de todos modos»*. El testimonio de este comandante no deja de añadir interrogantes sobre por qué el punto más débil de la defensa continuaba aún sin fortalecer:

El ingeniero Vicente Aguirre, jefe de las fortificaciones del Cinturón tras la deserción del capitán Goicoechea (Cortesía de Mónica Aguirre).

Al volver al [Hotel] Carlton, ya de noche, me encontré con Montaud, quien me dijo que aquel mismo día había hecho una visita al cinturón y que precisamente por el punto por donde parecían atacar era donde no había ni una trinchera, (…). Montaud llamó al Sr. Aguirre, ingeniero de caminos de la Diputación de Vizcaya, que estaba encargado del cinturón, el cual manifestó la extrañeza de la existencia de aquel boquete que no conocía, y que inmediatamente ordenaría trabajar con toda intensidad en aquel lugar. Montaud le dijo que él [Montaud] no pintaba nada, pero que si el Presidente tuviera energía y tomara una determinación con él [con Vicente Aguirre], sería muy difícil que dejaran de fusilarlo, porque aquello era imperdonable. Aguirre se volvió a mí, que le conocía, para demostrar a Montaud que no pensara ni por un momento que aquello era una traición, haciendo manifestaciones en este sentido, pero yo no quería intervenir en aquella conversación que no me atañía y salí del despacho.

Cabe preguntarse cómo se llegó a esa situación. La actitud de Montaud también resulta extraña, pues durante el periodo en el que Aguirre actuó como jefe de operaciones del Cuerpo de Ejército vasco, el teniente coronel, como hemos visto, fue su representante

EN PLENO CINTURÓN - GAZTELUMENDI
(4-12 DE JUNIO DE 1937)*

(Por el comandante Santiago Zubiaga, del batallón de Ingenieros N.° 8 Azkatasuna)

En este sector hubo un gran descuido y abandono. Los trabajos estuvieron encomendados a brigadas civiles hasta que llegaron a él los cañonazos. El batallón fue urgentemente trasladado a ese lugar del Gaztelumendi con órdenes muy severas en cuanto al trabajo a realizar. Así mismo, se efectuó el cambio de Jefe del Sector de los Urrustis. En estas medidas tomaron parte, casi exclusivamente, los inspectores dependientes del Comisario Delegado del Cinturón.

Encontramos estos montes completamente faltos de atrincheramiento, salvo unos nidos de cemento, los cuales, por su emplazamiento, daba pena verlos: ¡qué falta de sentido! Todo era inútil, parecía que habían sido ahí puestos para señalar al enemigo por dónde tenía que atacar. La parte a fortificar estaba virgen por completo. Solamente para empezar, hubo que realizar grandes e ímprobos trabajos de limpieza de zarzas y demás, puesto que su suelo era agreste a más no poder.

El batallón realizó duros y ásperos trabajos en esa parte del Cinturón, lugar donde más tarde el enemigo rompió el mal llamado «Cinturón de Hierro». Con dos compresores, una hormigonera y 120 hombres –además de otro personal que allí se hallaba– los miembros del batallón se lanzaron como alma en pena a abrir zanjas, extender alambradas, construir refugios, etc., así durante días. Para la pronta terminación de algunos nidos, a algunos gudaris del batallón, ante la urgencia por aproximación del enemigo, hubo que tasárseles el tiempo de su finalización, siendo vigilantes de tales órdenes algunos gudaris del Batallón Euzko Indarra, que por entonces allí se encontraba.

Los trabajos realizados por el Azkatasuna, y por algún otro batallón más, resultaron inútiles, puesto que, un desgraciado 12 de junio, sobre las cuatro de la tarde, después de haber estado toda la noche trabajando como leones, sin iluminación y con gran cantidad de precauciones –ya que este batallón descansaba, si así se puede decir, durante el día en Lezama y Goikolea–, tener que salir de prisa, dejando toda clase de material, documentación, etc. y unas cuantas víctimas al enemigo.

Al de unos días, comentó Radio Sevilla que, entre los muchos prisioneros cogidos a raíz de la rotura del «Cinturón de Hierro», estaba el Batallón Azkatasuna al completo, conclusión que sacaron al capturar sus máquinas, herramientas, cocinas y hasta cierta documentación.

Nunca trabajó con más ganas el batallón, aunque tampoco nunca tuvo una compensación más desagradable e injusta por su sacrificio y esfuerzo.

* UPV, Archivo Ruiz de Aguirre, Fondo Comandante S. Zubiaga, Cp.56, Exp.1. Copia de unas Memorias de Santiago Zubiaga sobre el batallón Azkatasuna, 8° de Ingenieros.

directo en las fortificaciones y persona cuyas órdenes todos debían acatar; y, una vez tomó el mando el general Gámir, Montaud mantuvo la jefatura de las Fortificaciones. Entonces, ¿por qué decía no pintar nada? No deja de llamar la atención la severidad mostrada hacia el ingeniero Vicente Aguirre, en contraste con la falta de censura hacia la actitud de Goicoechea percibida en otras situaciones. Sea como fuese, era necesario actuar con urgencia y, para ello, se decidió el empleo de un batallón de Ingenieros del Ejército.

LA OBRA CONTRARELOJ

El Batallón de Ingenieros 8 Azkatasuna, fue el designado para las labores de fortificación de la franja inerme, situada entre el monte Gaztelumendi y las dos lomas gemelas de nombre Urrusti.

Esta unidad había sido concebida a finales de abril de 1937 y, tras crearse a principios de mayo, había tenido su primer destino en Zugastieta, seguido de Peña Lemona durante la segunda quincena de ese mes. En aquellos momentos su comandante era Isidoro Olaizola, quien además ejercía el cargo de Comisario Delegado del Cinturón, esto último con la colaboración de cinco inspectores.

El batallón había permanecido desde el 23 de mayo al 2 de junio fortificando el monte Urkulu, cordal adelantado y paralelo al segmento más débil del Cinturón, por donde el Ejército nacional golpearía más tarde, como fase previa a la rotura de la línea defensiva de Bilbao. El día 4 de junio, la unidad fue destinada a fortificar aquel lugar, aún desprotegido, donde se trabajó con ahínco durante varios días, como se desprende de la lectura de su historial, recopilado en 1941, en la cárcel de Burgos, por el que sería su último comandante, Santiago Zubiaga, capitán en el momento de la defensa del Cinturón.

Entre los trabajos realizados, cabe destacar la construcción de trincheras, de abrigos, de nidos de ametralladora de hormigón armado, así como el tendido de alambradas, para lo cual emplearon todos sus recursos técnicos y humanos, si bien es comprensible que en tan sólo una semana no pudiera concluirse la organización del terreno de una manera sólida.

Santiago Zubiaga en una imagen de 1986. Capitán del Batallón de Ingenieros 8 Azkatasuna, fue testigo de los momentos más críticos de la obra del Cinturón. Después de la caída de Bilbao y la huida a Francia de Isidoro Olaizola, Zubiaga pasó a comandar la unidad. Tras caer preso en Santoña pasó un duro periplo penitenciario que duró hasta 1943 (Punto y Hora).

Pocas horas antes de la incorporación del Batallón Azkatasuna a los trabajos de fortificación en Gaztelumendi y Urrusi, el periodista soviético Mijail Koltsov, por entonces presente en Bilbao, se interesó por visitar las defensas de la ciudad y plasmó en su diario sus impresiones:

> El «cinturón» en sí constituye una cadena más o menos ininterrumpida de zanjas, trincheras, reductos, fortines y nidos de ametralladora, que se alternan con las defensas montañosas naturales y los valles bien batidos. (…) He recorrido por la montaña, sudando la gota gorda, todas estas construcciones.

Koltsov resaltaba que en algunos tramos el trabajo se había hecho a la perfección, adaptándose perfectamente al relieve del terreno, pero que en otros sitios los fortines estaban mal emplazados, situados en las cresas de los montes, a la vista de la aviación y artillería del enemigo. En algunos sectores había observado insuficientes fortificaciones o ausencia absoluta de ellas, lo que supondría unas condiciones muy desfavorables de defensa en caso de ataque. El reportero señalaba que «*todo esto no es fruto de la casualidad. El ingeniero que ha dirigido la construcción de las fortificaciones ha resultado ser un traidor, un saboteador, y se ha pasado no hace mucho al campo fascista. Los facciosos poseen todos los esquemas del "cinturón" y todas las aclaraciones sobre el mismo*», para añadir que, tras la fuga de Goicoechea, el Mando vasco había mejorado mucho las fortificaciones, reconstruyendo líneas enteras, pero sin haber podido rehacerlo todo.

Jóvenes zapadores posan ante el fotógrafo en Larrabetzu. Frente a la debilidad de la cortina de Gaztelumendi a Urrusti, en su flanco derecho, el pueblo de Larrabetzu se encontraba sólidamente fortificado (Archivo General Militar de Ávila).

Koltsov elogiaba el trabajo ingente de los miles de obreros empleados en las fortificaciones, a los que veía realizar su labor con entusiasmo, pese al hostigamiento diario de la aviación contraria: *«Cada noche, en la oscuridad, columnas de individuos hormiguean con aplicado esfuerzo en las montañas –construyen, cavan, obstruyen caminos–. No puede decirse que dispongan de rico material. Aquí no hay modo de hacer subir un camión. El asno minúsculo, las angarillas de madera, los capazos (…). Como en invierno en Madrid, las mujeres, los adolescentes y los niños prestan su concurso para construir y defenderse».* Y es que, para esas fechas, los trabajos de fortificación se hacían preferentemente de noche, a resguardo de los ataques aéreos.

No fue Koltsov el único periodista que se acercó al Cinturón en fechas previas a la rotura e hizo una valoración de la obra. El británico Steer hizo lo propio una semana después, el 10 de junio, acompañando al coronel Monnier en su cometido de observador e informador. Para esas fechas, los vascos esperaban ya un ataque inminente en el entorno de Gaztelumendi en cuanto el tiempo mejorara. La lluvia, además, dificultaba la actividad aérea, lo que permitía las labores de fortificación:

> Tuvimos unos pocos días húmedos para poder examinar el terreno. Jaureghy [seudónimo de Monnier] había pronosticado hacía tiempo que la ofensiva se desencadenaría justamente allí, y el coronel Montaud, entonces jefe de Fortificaciones en vez de jefe de Estado Mayor, había asegurado insistentemente al Presidente que el cinturón había cambiado mucho desde el día en que Goicoechea se pasó al enemigo con los planos en el bolsillo. Nosotros comprobamos que no era cierto.

Monnier comprobó que, transcurridos 15 días desde su última visita, las obras entre Gaztelumendi y Berreaga no habían mejorado considerablemente, a su juicio. En opinión de Steer, los zapadores, aunque estaban ya militarizados, desatendían el trabajo cuando los aviones estaban cerca. En su visita, ambos colegas observaron algunos avances, pues se habían construido más nidos de ametralladora, de la mano del hormigonero Gamboa, con un diseño más básico que los anteriores, pero con una cubierta más gruesa, de 60 cm de espesor, reforzada con una armadura de hierro más resistente. Sin embargo, Steer

Los vehículos a motor no alcanzaban los lugares accidentados en donde se asentaban las fortificaciones del Cinturón. Para el traslado de materiales y provisiones se empleaban asnos principalmente (Erri).

observó que, como en otros casos, aunque los militares habían planeado sobre el papel la línea defensiva, esta la habían llevado al terreno los ingenieros civiles, personas que desconocían las necesidades de la guerra, emplazando los nidos en lugares que los hacían visibles desde varios kilómetros de distancia.

En lo referente a las trincheras, prevalecían todavía las zanjas rectilíneas, aunque se habían introducido algunas modificaciones obedeciendo a los consejos de Monnier. A este respecto, se habían construido algunos, no muchos, sistemas de resistencia como los aconsejados en el informe al lehendakari del 19 de mayo. Estos centros de resistencia avanzados, eran fortines de tierra de forma circular, protegidos por un espeso perímetro de alambradas, disponiendo en su parte trasera de un refugio y reforzados por cuatro ramales de trinchera en forma de «T». *«Este sistema podía ser defendido desde todos los ángulos y se hallaba dentro del radio de cualquier cañón antitanque que el alto mando pudiera emplazar en las líneas superiores».*

Durante su visita, no encontraron obras en las contrapendientes que permitiesen el despliegue de reservas bajo el fuego enemigo. El número de refugios en galería de mina era aún insuficiente y, en

A principios de junio de 1937, las fortificaciones en el cordal de Gaztelumendi a Urrusti continuaban siendo muy escasas o inexistentes. Este nido de ametralladora, en Gaztelumendi, con el paso del tiempo se ha convertido en un icono muy fotografiado y visitado (I. Ojanguren. Gure Gipuzkoa).

algunos lugares, la carencia se había resuelto colocando troncos transversales sobre las trincheras, cubiertos de tierra, hierba y ramas, o chapas de hierro cubiertas por sacos terreros camuflados, para protegerse de la aviación adversaria. Aun así, la actividad no cesaba: *«se oía aquí y allá el ruido de los compresores a vapor haciendo refugios a prueba de bombas, y en dos ocasiones vimos a los zapadores abriendo huecos con dinamita»*.

Por lo demás, Steer y Monnier advertían que en esa zona no existía una organización militar del terreno, ni construcción de observatorios, ni puestos de mando, ni asentamiento general de baterías, todo lo cual estaba aún por hacer. Tampoco observaron un modelo de organización en profundidad llevado a cabo siguiendo las indicaciones de Monnier. Steer notó al coronel francés muy disgustado. En su opinión, *«Una vez más el Estado Mayor se había cruzado en su camino y no había hecho nada. El sistema lineal de defensa, que había fallado a los vascos una y otra vez, volvía a utilizarse en Gaztelumendi»*.

Al día siguiente mejoraría el tiempo y comenzarían las operaciones militares del Ejército franquista tendentes a la rotura del Cinturón. La suerte estaba echada.

El tramo del Cinturón comprendido entre Berreaga y Urrusti mejoró en solidez y organización defensiva, mas con poca utilidad final, pues el ataque de rotura de la línea se produciría más al sur (I. Ojanguren. Gure Gipuzkoa).

Compresor utilizado para alimentar las barrenadoras neumáticas empleadas para la apertura de abrigos en galería de mina, una máquina moderna para la época y disponible para los zapadores del Batallón 8 Azkatasuna (Erri).